巨大インフレと国家破産

The Strategy for Hyperinflation
and National Bankruptcy

浅井隆

第二海援隊

プロローグ

「誰も想像しなかった現実」はまだまだ続く

なんという光景だろうか。誰が、こんなことを想像しただろうか。

世界中の国境が封鎖され、人々の移動は禁止され、工場も操業停止。新型コロナが人類の経済活動を一瞬で凍結させた。

そこで唯一の救世主として登場したのが、政府と中央銀行による救済だ。まず政府は、財政出動という形で赤字覚悟でバラ撒きを実行し、中央銀行は国債だけでなく株から社債まで買えるものは何でも買って市場と企業を支えまくる。そして、金利も下げまくる。緊急事態だから致し方ないことだが、ツケはすべて将来へまわされた。

世界中の政府と中央銀行がこれだけマネーをバラ撒いたわけだから、このままですむはずがない。この世の中のすべてのことには「フリー・ランチ（タダ飯）はない」と言われるが、度を越してお金をバラ撒けば必ず後々になってすさまじい副作用に襲われる。

それを予見するように、二〇二〇年春から夏にかけて株と金《きん》（ゴールド）が暴落した。つまり、インフレだ。しかも世界中がこれほどのお金を撒き散らしたわけ（FRBなどはリーマン時の二・五倍）だから、ただのインフレではなく巨大インフレともいうべきものがやってくる可能性がある。

そうなったら、この日本はオシマイだ。三〇年もの長いデフレに慣れ切った日本人は、インフレがやってきたらそれに対応できず、あっという間に財産を失ってしまうことだろう。なにしろ、金利も上昇してしまうのだ。住宅ローンも火ダルマとなる。

しかも、コトがそれですむとは到底思えない。つまり、インフレで金利が上がるということは国債が暴落するということだ。私が大分前から長いこと言い続けてきたように、「日本国の借金は大きすぎて、いつか必ず爆発する。そして、国家破産という生き地獄がやってくる」のだ。今回のコロナ対策によるバラ撒きは、近い将来の日本国の破産を当選確実にしてしまった。

というわけで、私たちはそろそろ将来の巨大インフレと国家破産に備えなければならない。国家破産がやってくれば、今回のコロナ恐慌の一〇倍以上の被害が私たちの財産に襲いかかってくることだろう。年金もなくなり、預金も紙キレとなる。したがって、そのための準備も三〜四年がかりとなる。

数年後、私たちは再びこう言わざるを得ない日がくるだろう——「なんという光景だろうか。誰がこんなことを想像しただろうか」と。その日、読者の皆さんが無事生き残り、財産が守られていることを祈ってプロローグを締めたい。

二〇二〇年八月吉日

浅井　隆

〈注記〉二〇二〇年九月に安倍首相が病気を理由に辞任し、新政権が誕生したが、基本的にはアベノミクスを継承するということなので、本文においてもそのままアベノミクスについて論じている。また、「安倍首相」をはじめ他の役職も、「前」とか「当時」を入れずそのまま使っているのでご容赦いただきたい。

巨大インフレと国家破産——目次

プロローグ

「誰も想像しなかった現実」はまだまだ続く　2

第一章　新型コロナで世界中の中央銀行が発狂した⁉
——ルビコン川を渡るＦＲＢと日銀

インフレの「賽は投げられた」　12
ルビコン川を渡ったインドネシア　16
どの国も、もはや財源は中央銀行に求めるしかない　19
フィスカル・ドミナンス（折り返し不能地点）　25
やめられない、止《と》められない「財政ファイナンス」　31
インフレは、「常に」そして「どこでも」政治的な現象である　34
バフェットさえ金投資に食指。インフレに最大級の警戒を　36

第二章　溢れたマネーで、ついに巨大インフレがやってくる

インフレは私たちに何をもたらすのか？　42
溢れかえった「緩和マネー」がもたらす巨大インフレ　44
根強いデフレ圧力とインフレの兆候　48
インフレにより実質金利の低下に拍車　49
急増する預金がさらなる金利低下を促す　51
下落し始めた米ドル　54
不況下の株高　56
金《きん》に殺到する投資マネー　60
インフレの恐るべき実例　66
迫りくる巨大インフレ　72

第三章　国家破産であなたの年金と預金が消える!?

朝日も産経も指摘する「政府の財政試算は、まったくデタラメ」　80

「少子・高齢化」とは「少年金・高齢化」である　85
昭和三、四〇年代は高齢者一人を現役世代一〇人で支えていた　88
二〇四〇年には高齢者一人を現役世代一・五人で支える　92
実は、社会保険制度はすでに破綻している　96
「年金昔ばなし」で考えてみよう　102
MMTという悪魔のささやきが「ハイパーインフレ」を招く　107
「ハイパーインフレ」「財産税」「所得税の累進強化」の合わせ技　112

第四章　資産を守るための基礎知識

国家破産は国民破産　120
今も昔も世界中で国家破産は起き続けている　122
ドイツ――戦費調達と賠償金のためにお札を大量発行　124
ハンガリー――ギネスブックに登録、史上最高額の紙幣　132
ロシア――国家破産（ハイパーインフレ）に弱い不動産と金《きん》!?　136

キプロス——富裕層は預金を没収!! 143
国家破産の常連国アルゼンチンと初の国家破産を体験中のレバノン 147
基礎知識を踏まえて対策をたてよう! 150

第五章　資産防衛のサバイバル戦略

かつては牛で、今は形がなくなりつつあるもの 152
私たちの資産は常に捕捉されている 159
国家破産であなたの資産に降りかかる「厄災」 164
国家破産対策——「基本編」 172
①あらゆる資産は「捕捉されている」可能性を考慮すること 173
②現物資産は「IT社会」の時代でも有効 173
③外貨・海外資産は保有推奨 174
④常に最新の情報を収集しておく 175
⑤資産は分散すること 175
国家破産対策——「実践編」 176

①海外の外貨建て資産を持つ　176
■海外ファンド　177
■海外口座　181
②現物資産と現金を持つ　184
■金《きん》（ゴールド）　185
■ダイヤモンド　186
■米ドルキャッシュ　188
■仮想通貨　190
国家破産対策――「技能編」　192
■パソコン・スマートフォン　193
■多少の語学力　195
国家破産対策――「番外（応用）編」　196
■株式・オプション　196
■なんでもお金にするという作戦　199
時代に則した様々な生き残り戦略を取り込もう　200

エピローグ
私たちに残された時間は多くない 204

※注　本書では個別に指定してあるところ以外は一米ドル＝一〇七円で計算しました。

第一章　新型コロナで世界中の中央銀行が発狂した⁉

――ルビコン川を渡るＦＲＢと日銀

インフレの「賽は投げられた」

紀元前四九年一月一〇日、ユリウス・カエサルは大いに悩んでいた。ルビコン川を渡る（一線を越える）かどうかという決断である。

ルビコン川は、イタリアのアペニン山脈に水源を持ち、古代ローマ時代のガリアとイタリアとの境をなしていた。誰もが一度は聞いたことがある有名なこの川は、全長が三〇キロメートルしかなくて、川幅も大部分で一メートルほどしかない。広いところでも、五メートル程度だ。そのため、この川を渡る物理的なハードルは低い。

しかし、古代ローマ時代、ガリアとローマおよびその周辺の直轄領からなるイタリアとの境をなしたこのルビコン川より内側には、軍隊を連れて行ってはいけないとローマの法律で禁じられていた。違反すれば反逆者として処罰されたのだ。だが、ユリウス・カエサルは大軍を引き連れてこの川を渡り、ローマへ向かった。

かつての盟友・ポンペイウスの独裁体制を打破してローマを掌握しようとしていたカエサルは、最終的にかの有名なセリフ「賽《さい》は投げられた」を叫び、ルビコン川を渡ったのである。

この故事に基づいて、「ルビコン川を渡る」という言葉は、その後の運命を決める後戻りのできないような重大な決断をする比喩として後世に伝えられた。また、「賽は投げられた」という言葉も同様に、折り返し不能地点（ポイント・オブ・ノーリターン）を越えたという意味で使われている。

余談だが、カエサルは結果的にポンペイウスを打破するが、当の本人もルビコン川を渡った時点では〝勝てる〟という確信はなかったようだ。そのため、カエサル伝では「賽は投げられた」という言葉は「人が、破れかぶれになって運を天に任せる時に使う」とも記されている。そのためか、「ルビコン川を渡る」と「賽は投げられた」は時に悪い意味（ネガティブな意味）で使用されることも珍しくない。たとえば、仕事などで不正をした人に対して「彼はルビコン川を渡ってしまった」と表現することはしばしばある。

翻って現在。コロナ禍を理由に、多くの国の中央銀行がネガティブな意味でルビコン川を渡ってしまった。これは後世（と言ってもそんなに遠い将来ではない）に大きな大きな禍根を残すことになるだろう。

このたびの〝一線〟（ルビコン川）は、「財政ファイナンス」という禁じ手だ。この財政ファイナンスとは、政府が発行した国債を中央銀行が買い取り、現金を手にした政府がそれを支出することを指す。簡単に言うと、中央銀行を打ち出の小槌にしてしまうことだ。これは長い歴史上、決して珍しいことではなく、むしろ往々にして起こっている。財政に窮した為政者の思考の回路が、「なければ紙幣を刷ってしまえばいい」に行き着くのは世の常だ。

ほとんどの場合、財政ファイナンスはインフレーションで帰結する。このインフレーション（以下インフレ）という言葉は「紙幣の膨張」を意味するのだが、この言葉自体の起源はアメリカの南北戦争の時代（一八六一～六五年）にできたとする説が有力だ。この時、アメリカは財政ファイナンスによってハイパーインフレを経験している。

当時のアメリカでは、敵対していた北部も南部も共に戦費を調達するために政府紙幣の発行を余儀なくされた。その結果、北部では最高時のインフレ率が八〇％に達し、南部では一時的に月間のインフレ率が七〇〇〇％に達したと言われている。ちなみに、北部がハイパーインフレを免れたのは、戦争に勝利したことをきっかけに金本位制に復帰したためだ。一方の南部は、特産品である綿花を担保に政府紙幣の価値を維持しようとしたが、敗戦によって北軍が綿花を焼き払ったことからひどいインフレに発展したとされている。

アメリカは、それ以前にも独立戦争（一七七五〜八三年）の際に「コンチネンタル・ドル」という政府紙幣を発行し、ハイパーインフレを味わった。この時も戦費を賄うための一時的な処置（金本位制からの脱却）として財政ファイナンスを発動したが、歳出が膨らみ続けたために紙幣の増刷を止めることができず、国民が徐々に金《きん》（ゴールド）や銀を志向し始めたこともあり、最終的にコンチネンタル・ドルは文字通り紙クズと化してしまったのである。

こうしたインフレの歴史を紐解くと、俗に「ハイパーインフレ」と呼ばれる事象は政府の恣意的な運営の帰結として起きている場合が多い。というより、ほとんどがそうだ。過去には需要過多や供給不足によるインフレもたびたび起きているが、近代でそうしたケースは先の「オイルショック」くらいのものである。「通貨の信認」が喪失された場合こそが本当に危険なのだ。

ルビコン川を渡ったインドネシア

そして今回のコロナ禍を期に、近い将来に通貨の信認が脅かされる可能性が飛躍的に高まっている。その筆頭は、新興国だ。

日本経済新聞（二〇二〇年七月二六日付）は、「新興国の国債発行倍増へ　二〇年、消化は中銀頼み鮮明」と題した記事で以下のように報じている――「新型コロナウイルス危機で新興国が財政出動の財源を賄おうと国債発行を大幅に増やしている。二〇二〇年の新規発行額は前年の二倍近い三兆ドル（約三二〇兆円）前後に及ぶ可能性もある。中央銀行は市場安定や財政支援のため、相次いで国債購入に動く。中銀の独立性が侵され通貨の信認を失うリスクもはらむ」。記事は国際決済銀行（ＢＩＳ）の調査を引用して、二〇二〇年「三～四月に国債などの債券購入プログラムを公表した新興国の中銀はインドネシア、南アフリカ、トルコ、ポーランドなど一三にのぼる。その後の導入例も含めると二〇近くに及ぶもようだ」とも伝えた。

ちなみに記事中の「債券購入プログラム」は、財政ファイナンスという位置づけではない。詳しいことは後述するが、債券購入プログラムは、中央銀行が市場から間接的に国債や社債といった債券を買うというもので、政府から直接購入するという「財政ファイナンス」と区別されている。

しかし、インドネシア中央銀行の場合は、あからさまな財政ファイナンスを実行した。インドネシア中央銀行は二〇二〇年六月二九日、財政を支援するため政府が発行する低利回りの国債を引き受けることに同意。世界中から関心が高まった。

第一生命経済研究所の首席エコノミスト西濵徹氏は、自身のインドネシアに関するレポートで「中銀は『財政ファイナンス』を厭わず政策運営はギャンブルの様相」と辛らつに批評し、「動揺への耐性低下などのリスクにはこれまで以上に注意」と指摘している。

また、二〇二〇年七月九日付の英ロイターは「ルビコン渡るインドネシア中銀、国債引き受け周到に準備」と題し報じている。要点は、以下の通り。

・日米欧の中央銀行も、流通市場で大量の国債を買い入れているが、政府から直接国債を買い入れるのは、今なお禁じ手とされている。インドネシア中央銀行は先陣を切ってそのタブーを犯す。

・今回の計画は一回限りの措置とされている。

・とはいえ、来年以降も延長されれば、中央銀行の独立性が問われかねない。

そしてその可能性は十分にある。

そして最後にこう指摘した――「同じような問題を抱える新興国は、インドネシアの状況を注視するだろう。先進国が気づいているように、紙幣を刷る輪転機のスイッチを切るのは容易なことではない」（同前）。

記事が言うように、歴史を振り返ると政治が一度でも財政ファイナンスに手を染めてしまうとそこから抜け出すのは極めて難しく、往々にして取り返しのつかないインフレを招いている。言い方を変えると、近代になってハイパーインフレが散見されるようになったのは、通貨の創造が容易になったためだ。その教訓として、一九七〇年代の後半頃から中央銀行の独立性を強化しようという機運が続いてきたのだが、先のリーマン・ショックや今回のコロナ禍を契機に財政ファイナンス、もしくはそれに近い政策が横行するようになっている。

どの国も、もはや財源は中央銀行に求めるしかない

バンク・オブ・アメリカの試算によると、二〇二〇年八月上旬時点で世界で導入された景気刺激策の総額は、二〇兆ドル前後に達した。これは、二〇一九年の全世界ＧＤＰ（国内総生産）の二〇％あまりに相当する。まさに前代未聞

の規模だ。先進国や新興国を問わず、これらの多くは中央銀行が資産購入プログラムで政府の借金をサポートする形で行なわれている。その最たる例がアメリカで、前出バンク・オブ・アメリカによるとアメリカが実施した金融・財政面の景気刺激策の規模は、なんとＧＤＰの三〇％におよぶものだ。

その結果、ＦＲＢ（米連邦準備制度理事会）のバランスシートは急激な膨張を見せている。ＦＲＢのバランスシートは、リーマン・ショックの前までは一兆ドルを下回っていたが、その後四兆ドルを上回るまでに膨張。ここ数年は減少に転じていたが、今回のコロナショックで一気に七兆ドルを突破した。直近では七兆ドルを下回っているが、米投資会社ブラックストーンの副会長バイロン・ウィーン氏は、これが近い将来に九兆ドルにまで膨らむと予想する。

日本の状況も似たり寄ったりだ。むしろ、対ＧＤＰ比で見た中央銀行のバランスシート規模では日本の方が深刻である。日銀のバランスシートは、主な買い入れ対象である長期国債だけで約五〇〇兆円と、対ＧＤＰ比一〇〇％だ。長期国債発行残高に占める日銀保有率は五割程度に迫っており、日銀の黒田東彦

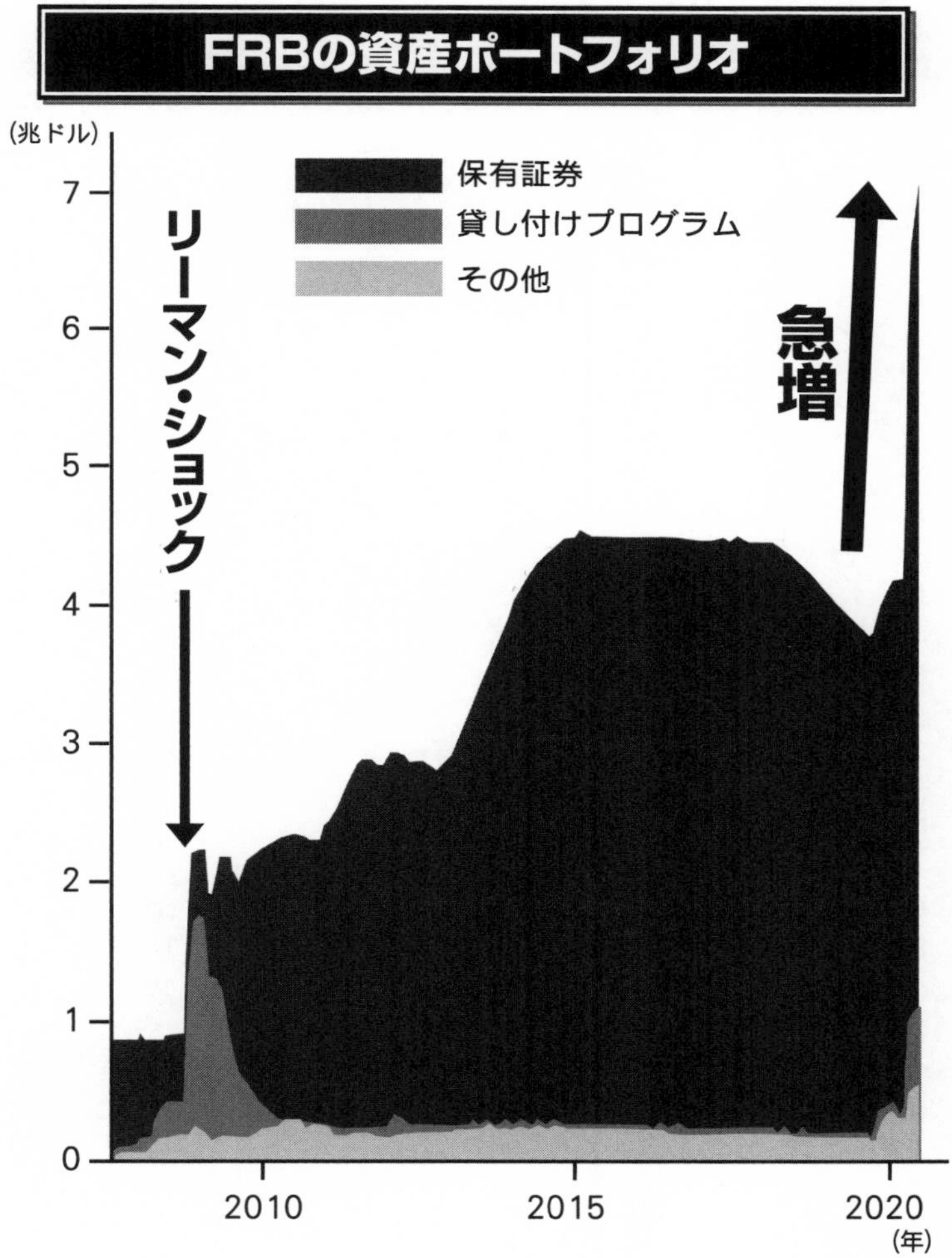

FRBのデータを基に作成

総裁は頑なに財政ファイナンスを否定するが、多くの市場関係者が日銀は実質的な財政ファイナンスに踏み込んでいると考えている。

この他、ユーロ圏のＥＣＢ（欧州中央銀行）やイギリス、カナダやオセアニアなどでも中央銀行のバランスシートは膨らんでおり、景気低迷の長期化が確実視される昨今、各国の金融政策が出口（バランスシートの縮小）に向かう兆しはほとんどない。当然、前述したように新興国も同様である。

「中銀がいつまでもいつまでも、ひたすら財布の紐を緩め続け、警戒も怠れば、三、五年後には（インフレの）犬が吠え始めるだろう」（ロイター二〇二〇年六月二一日付）――パインブリッジ・インベストメンツのマイク・ケリー氏はこのように話し、金《きん》を買ってインフレに備えているという。資産運用会社ＤＷＳのクラウス・カルデモーゲン氏もロイターに対し、「心配なのは、目下のところ財政刺激策に際限がないように見えることだ」（同前）と、リーマン・ショック後よりも大量のインフレヘッジ資産を購入していると話した。

確かに、今回のような感染症の拡大による需要や雇用の蒸発に対応するには

日銀の長期国債保有残高

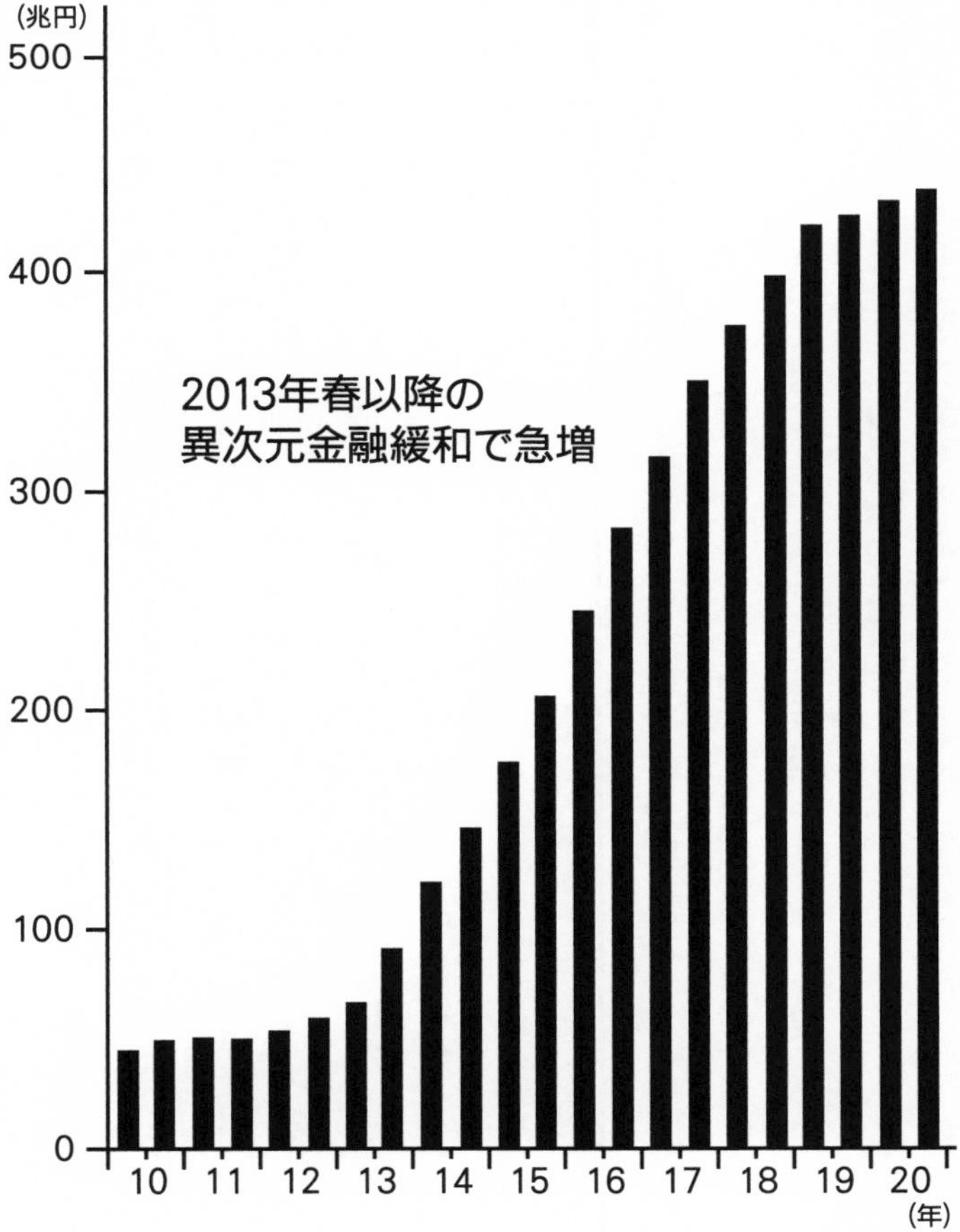

日本銀行のデータを基に作成

財政出動が欠かせない。その点には同意する。たとえば、新型コロナウイルス発生後、香港では一八歳以上の住民に一人当たり一万香港ドルが支給され、ここ日本でも一律一〇万円が支給されたことは記憶に新しい。またアメリカでは、二〇二〇年六月までに約一億五九〇〇万人を対象に成人は一二〇〇ドル、児童は五〇〇ドルずつ総額二六七〇億ドルが支給され、現在（二〇二〇年八月上旬時点）第二弾の支給の可否が協議されているところだ。さらには、極めて多くの政府と中央銀行が一緒くたに企業の借金を実質的に肩代わりするような政策を実施している。

繰り返しになるが、これらの措置はある意味で仕方のないことだ。問題は、その期間が長期化する可能性と財源をどこに求めるかということだ。格付け大手のフィッチ・レーティングスのソブリン格付け世界責任者のジェームズ・マコーマック氏は、直近のリポートで「主要七ヵ国（G7）について、新型コロナウイルスに対応するための財政余力はほとんどない」と断じている。各国は、もはや財源を中央銀行に求めるほかない。

フィスカル・ドミナンス（折り返し不能地点）

リーマン・ショック後も同様の懸念が台頭したが、結局インフレはやってこなかったため、今回も「杞憂だ」という声は少なくない。国際通貨基金（ＩＭＦ）の世界経済見通し（二〇二〇年六月二四日付）では、世界は今後二年で約一二・五兆ドルもの損失を出すと指摘したが、そうなるとインフレではなくデフレ圧力の方が高まりそうな気配である。

しかし、前述したようにすでに世界全体で二〇兆ドルもの景気支援策が打ち出されており、これがさらに長期化し規模も膨れ上がるようだと、インフレの台頭が懸念されるのもうなずける。

「今回は本当に違う」（ブルームバーグ二〇二〇年五月一八日付）。『国家は破綻する』（日経ＢＰ社刊）の著者で、かつてＩＭＦのチーフエコノミストを務めたケネス・ロゴフ米ハーバード大学教授と共同著者のカーメン・ラインハート氏は、コロナ後のインフレ懸念についてブルームバーグのインタビューに答え、「市場は再びインフレになる確率を本質的にゼロと見ているが、それは大間違いだ」「私たちは政府がやっていることを強く支持している。しかし、それをフリー・ランチ（タダ飯）であるかのようにアピールするのはひどく浅はかなことだ」とくぎを刺す。

世界全体で累積債務残高が積もりに積もっている状態では、なおさらインフレへの警戒が必要だ。国際金融協会（ＩＩＦ）によると、世界全体の債務残高は二〇二〇年一～三月期に過去最大の二五七兆ドル（約二京七五〇〇兆円）に達しており、対ＧＤＰ（全世界）比で三〇〇％以上になる。しかも、景気の悪化に伴ってこの数字が年内にさらに増加することは確実だ。

歴史的にもあまりにレバレッジが高まった（累積債務が積もりに積もった）状態にあると、「フィスカル・ドミナンス」（財政従属）という状態に陥ることが常である。

たとえば、物価上昇が起こった場合や景気が過熱しそうな場合などは、本来

世界主要国の政府債務の対GDP比

	2019年	2020年
世界全体	83.3%	96.4%
日　本	237.4%	251.9%
米　国	109.0%	131.1%
ユーロ圏	84.1%	97.4%
中　国	54.4%	64.9%

2020年は予測
IMFのデータを基に作成

であれば中央銀行が利上げで対応する。しかし、中央銀行が政府の財政を気にして、利上げを怠ってしまう事態が生じるのだ。こうした事例は、過去に幾度となく確認されている。

ブルームバーグ（二〇二二年五月一日付）は以下のように説明している――「この問題はエコノミストの間で、財政悪化で金融政策が制約される『フィスカル・ドミナンス（財政従属）』として知られる。極端な場合、政府が求める資金を全て中央銀行が提供する状況を意味する。過去の事例を見れば、これはインフレ高進、しかも多くの場合、急激な物価上昇を招くことになる」。

残念なことに、わが国は真っ先にフィスカル・ドミナンスに陥った。ご存じのように、先進国中で最悪の債務を抱えているためである。ＩＩＦによると、日本の二〇二〇年一～三月期の総債務残高は二八兆二〇〇〇億ドルで、対ＧＤＰ比五六二％超という規模だ。主要国の中でも突出している。高レバレッジの主因が政府債務の拡大にあるということは、言うまでもない。

ＩＭＦによると、日本の政府債務は二〇二〇年に対ＧＤＰ比二五一・九％と

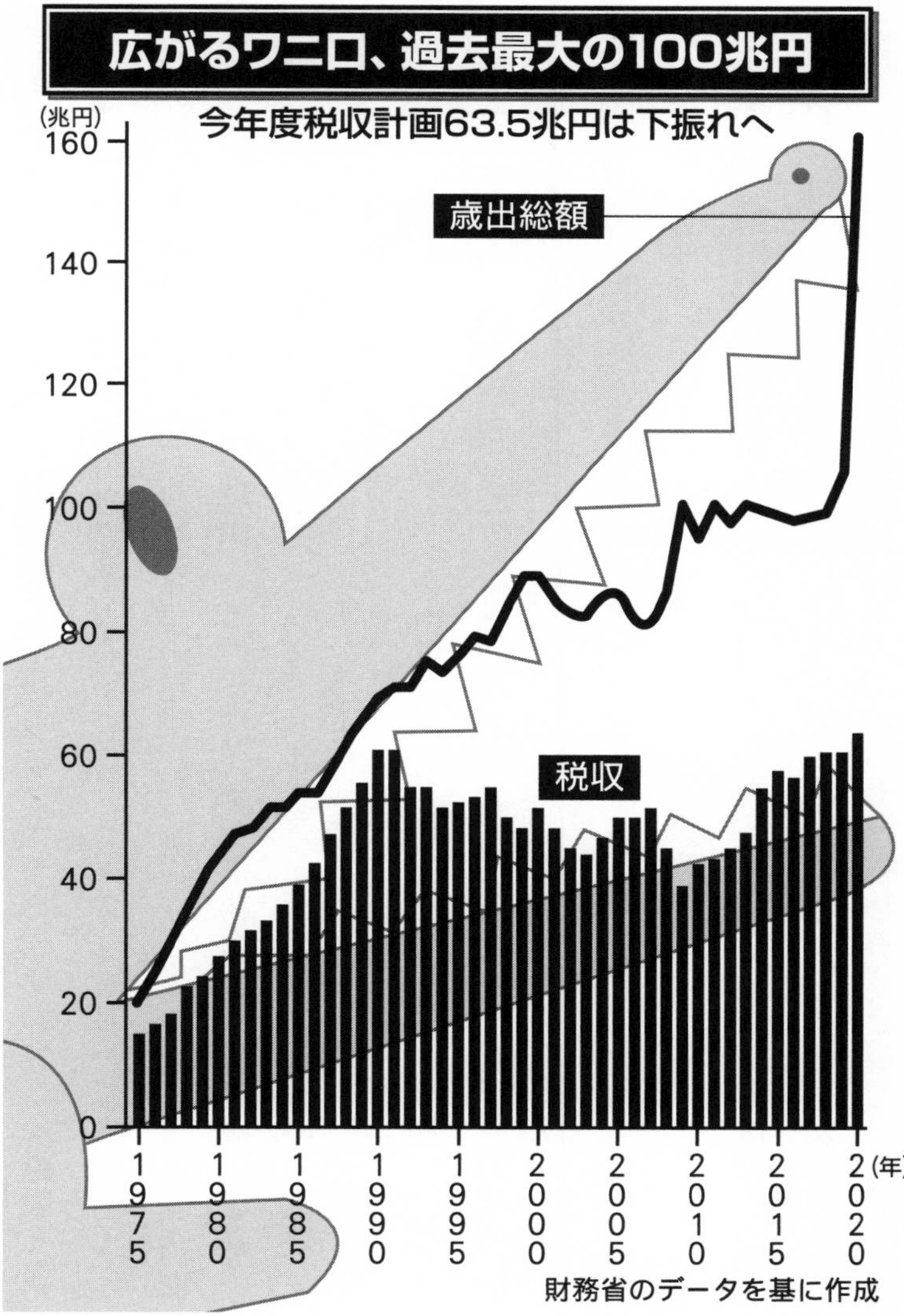
広がるワニ口、過去最大の100兆円
今年度税収計画63.5兆円は下振れへ
(兆円)
160
140
120
100
80
60
40
20
0
歳出総額
税収
1975
1980
1985
1990
1995
2000
2005
2010
2015
2020
(年)
財務省のデータを基に作成

前年比で一四・五ポイントも膨らむ。今回のコロナ禍で、ワニの口（税収と歳出の差）の上あごは完全に外れた格好だ。このツケはいずれ払うことになるだろうが、それは壮大なものになるだろう。

少し古い記事になるが、早稲田大学のファイナンス総合研究所で顧問を務める野口悠紀雄氏がブルームバーグ（二〇一六年五月二七日付）で極めて重要な指摘をしているので紹介しよう。

野口氏はまず、「日本は財政支出を中央銀行の紙幣増刷で賄う『ヘリコプターマネー』にすでに手を染めており、世界最悪の公的債務を高インフレで解決する可能性が高い」と指摘。日銀が導入した現行の「異次元緩和に基づく国債買い入れは残存期間が長い国債を銀行が右から左に売れるようになったので、事実上の日銀引き受け。財政法第五条の脱法行為だ」とし、「ヘリコプターマネーは非生産的な用途に使われるようになる。歴史上、ずっと続けられた例はない」。「必ず最後はインフレになって破綻している。インフレで希薄化せずに債務問題を解決できた例は皆無ではないが非常に少ない」と断じる。そして（金融政策に）「出口がなければ、日本がそうなる可能性は非常に高い」と警告した。

また野口氏は、政府・日銀の財政出動と金融緩和が今後も続いた場合、「円の価値は非常に危うい」とも指摘する。「長期的な円安が傾向的に続く可能性は否定できない」とし、「日本経済の体力がどんどん弱っていけば、一ドル＝三〇〇、五〇〇、一〇〇〇円も十分に考えられる」と予想した。

これは、極端な予想に聞こえるかもしれないが、実際にこうした事態に発展する可能性は十分あると言える。

やめられない、止《と》められない「財政ファイナンス」

ところで、先に「財政ファイナンス」と「資産（債券）購入プログラム」は区別されていると述べたが、大事なことなのでここで説明しておきたい。

前出の野口氏のように、日銀が実施している質的・量的緩和（ＱＱＥ）に対しては「事実上の財政ファイナンス」と指摘する有識者は少なくないが、現行のQQEでは財務省が発行した日本国債を、国内金融機関が一度保有した後に日銀がそれを購入する形で金融機関に資金を供給している。財務省の発行した国債を日銀が直接購入していないという点が、財政ファイナンスとの決定的な差だ。この場合だと、日銀が国内金融機関から国債を買って資金供給量を増やしたところで、銀行が貸し出しを増やさない限りマネーが実体経済に浸透することはない。現在の日本では、金利が圧倒的に低いにも関わらず借金をしてまで設備投資をしようする経営者は極めて少数派だ。

このような状態を「流動性の罠」というが、流動性の罠の下ではQQEのような金融政策がおよぼす効果は、おおよそ限定的となる。

今までの話を聞いて、「先進国では財政ファイナンスまがいのことが横行しているのに、インフレは起きてないじゃないか」と疑問に思った方もいるだろう。それは、現状では明確な財政ファイナンスが実施されているわけではない、ということに尽きる。資産購入プログラムによる中央銀行のマネー創出とは、市中銀行が創出し読者の皆さんや私が日常的に使う民間マネーに直接姿を変えるわけではないためだ。

その点、野口氏がブルームバーグで指摘したヘリコプター・マネーなら効果は絶大である。ヘリコプター・マネーは明確な財政ファイナンスの一種で、簡単に言うと中央銀行が発行した紙幣を政府がバラ撒く。金融機関を介在させず家計に直接お金をバラ撒くため、供給された資金は「流動性の罠」に関係なく実体経済へと浸透する。これとほぼ同じような政策を、インドネシアが実施した。

ヘリコプター・マネー的な政策は、南米のポピュリスト政権下でよく行なわれており、たとえばチリ（一九七〇～七三年）、アルゼンチン（二〇〇三～一五年）、ペルー（一九八五～九〇年）、ベネズエラ（一九九九年～現在）が代表的で、こうした国では例外なく高率のインフレが猛威を振るっている。

戦後に限ると、先進国でヘリコプター・マネー的な政策が導入された試しはない。しかし、ほとんどの先進国が実施している市場を通した間接的な資産購入プログラムにも大いに問題がある。まず、インフレが誘発される可能性がゼロではないということ。なによりも問題なのは、「抜け出せない」ということだ。

今、世界中の中央銀行は政策金利の引き下げや債券の買い取りで政府の利払い負担を軽減するようにサポートしている。これを「ポリシー・ミックス」（財政と金融の協調政策）というが、日本では二〇〇〇年代初頭に導入され、欧米ではリーマン・ショックを期に実施された。そしてご存じの通り、今もって終了していない。むしろ、各中央銀行のバランスシートは膨らみ続けている。コロナショックを経て、政策手段もより極端なものになってきた。

それゆえ、少なくない投資家がインフレの到来を確信しており、インフレヘッジを準備している。

インフレは、「常に」そして「どこでも」政治的な現象である

「インフレは、常に、そしてどこでも政治的な現象である」——米プリンストン大学で歴史学の教授を務めるホラルド・ジェームズ氏は、ミルトン・フリードマンが残した言葉『インフレは、常に、そしてどこでも貨幣的な現象

である』をこのように言い換えている。

二〇一三年、ジェームズ氏はクレディ・スイスが発行したインフレに関するレポートにおいて次のように指摘している――「歴史を通じて、内外の政治権力は、通貨の基準を司る者が安定を目指すか、それとも世界が金融無秩序に陥りその不愉快な結末を引き受けることになるかについて、強力な影響を及ぼしてきた」。ただし、近年は為政者と中央銀行が教訓を得たことによって「過去三〇年のほとんどの間、インフレはほぼすべての国や地域で低下してきた」と分析。為政者と中央銀行が意図的に互いの距離を遠ざけてきたと論じる。

しかしながらジェームズ氏は、近年は次のような変化が生じつつあると警鐘を鳴らす――「インフレは民主的なシステムを脅かす可能性があるという認識により、過去二五年間、低インフレ政策は強力な政治的支援を獲得してきた。しかしその支援は現在衰えつつあり、中央銀行は一九三〇年代のシナリオの繰り返しとなる、『国営化』のリスクにさらされている。これは国際協力と安定よりも、むしろの無秩序のレシピである」（同前）。このレポートは、二〇一三年のものだ。七年後の今は、より中央銀行の独立性が侵害されつつある。

意外なことに、中央銀行は財政ファイナンスのために創設されたようだ。「元日銀理事の早川英男東京財団上席研究員は『歴史を振り返れば中央銀行は財政ファイナンスから始まった』と言う。一七世紀創設の英中銀イングランド銀行の当初の役割は政府の軍事費調達の支援だった」（日本経済新聞二〇二〇年八月三日付）。

バフェットさえ金投資に食指。インフレに最大級の警戒を

「将来、現在を振り返って、次に何が起こるかを予想していなかったことに驚くのだろう」――コロナショック以前の二〇一九年五月、著名投資家のウォーレン・バフェット氏は米経済番組ＣＮＢＣのインタビューにこう答えた。この意味深長なコメントの真意は、「現行の財政や金融政策が極めて低水準のインフレと共存することは、可能ではない」という点にある。

そしてバフェット氏はコロナショックへの各国の対応を見て、インフレ到来の確信をさらに強めたようだ。バフェット氏はかねてから、農場や企業と違って生産性がないことから金《きん》への投資を全否定してきたが、コロナ禍を契機に変心したのである。金融メディアの多くがこれを報じ、金鉱株が大きく上げるまでに至った。二〇二〇年八月一八日付の米ウォール・ストリート・ジャーナルは「バフェット氏もゴールドラッシュに便乗、消極姿勢転換」と報じている。

コロナショックが大いなるデフレ圧力をもたらすことは間違いないが、インフレが死に絶えたと高をくくるのは時期尚早だ。ウォール・ストリート・ジャーナル（二〇二〇年一月一五日付）は、「高すぎるインフレ率の危険を巡る懸念が経済解説につきものだった時代はとうに過ぎ去った。だからといって、インフレが予想以上に過熱する可能性を完全に退けるべきではない」とし、その理由としてインフレの予想が極めて難しい点を指摘。一九六〇年代前半のインフレ率は現在よりもさらに低かったが、後半から突如として跳ね上がったことをたとえとして挙げている。

事実、インフレ発生のメカニズムは現在でも研究が行なわれているが、実際のところよくわかってない。需要過多や供給不足というのが教科書的な回答だが、これ以外にも多くの要素があると考えられている。

世界経済を俯瞰すると、デフレというトレンドは現時点でもなお進行中であるが、決してインフレが死んだなどと考えてはならない。そもそも、バフェット氏が唱えたように現行の政策と低インフレが共存する現状は、過去の歴史に照らし合わせると極めて奇異である。原油ショックや食糧危機といった供給面の問題に注意が必要なのは間違いないが、最大級の警戒を要するのはやはり各国の財政ファイナンスだ（特に、日本の情勢に注意が必要である）。

「他国の経験および米国の過去の歴史が示唆するものは、いったん政治家が金融政策の手綱を握れば、その後にはインフレがしばしば到来するということだ。一九六〇年代と一九七〇年代において、リンドン・ジョンソン大統領とリチャード・ニクソン大統領がＦＲＢに利上げをしないよう圧力をかけ、一九七〇年代のインフレ高進の土台を作ることになった」（ウォール・ストリート・

CPI（消費者物価指数）の変化（1960年代）

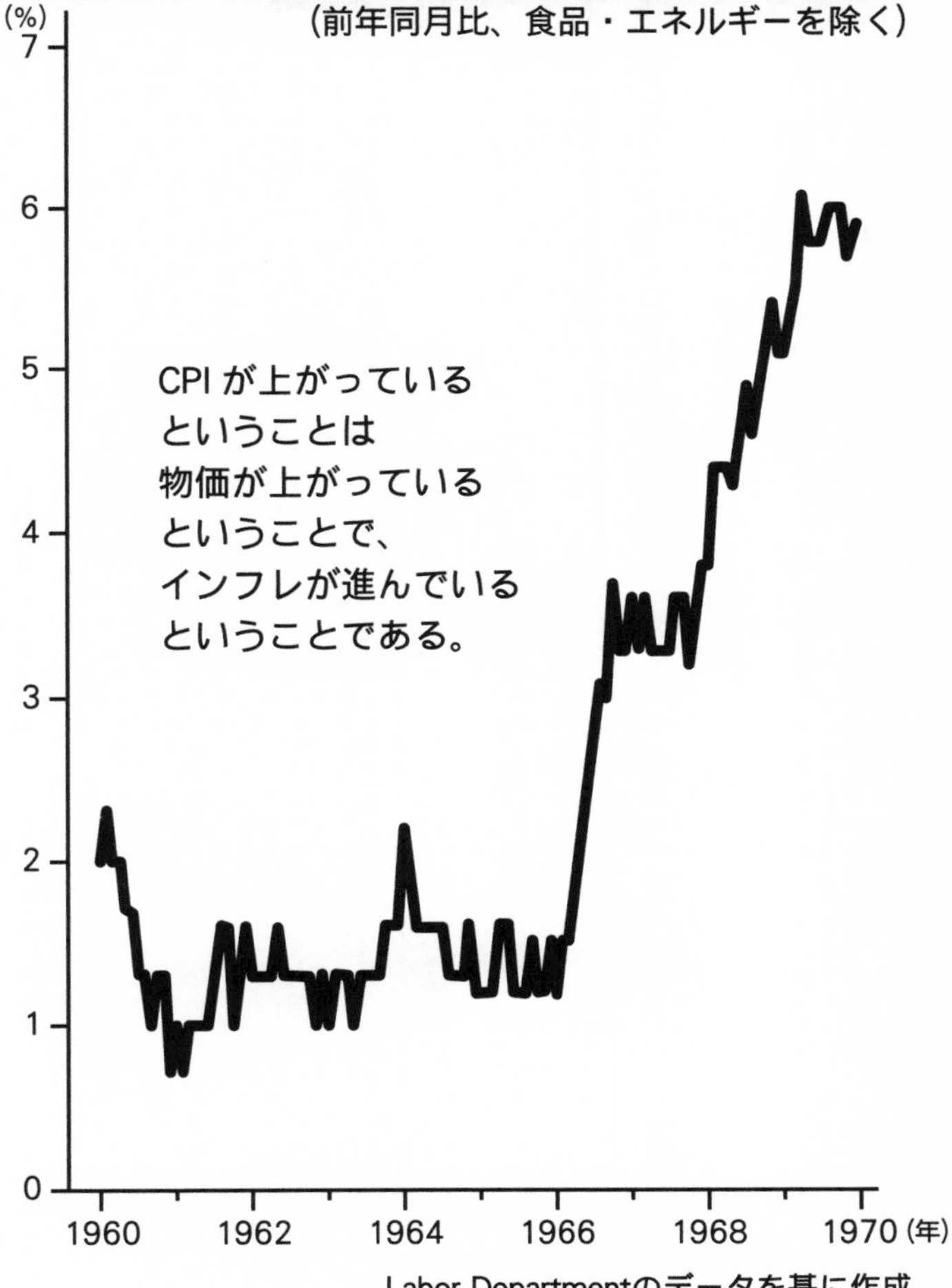

Labor Departmentのデータを基に作成

ジャーナル二〇二〇年一月一六日付)。

インフレは、必ず復活する。これは賭けてもよい。その最大の根拠は〝人類の歴史〟にある。全時代を通じて、インフレが消滅したことは一度たりともない。一時的にインフレが息を潜めたことはあったにせよ、インフレは必ず息を吹き返している。それは、時の為政者がインフレを望むためだ。いつの世であっても、高債務を抱えた為政者はインフレの復活を渇望する。

債務者からすると、実質金利が高止まることによって債務が自然と増えて行くデフレは、決して好ましいものではない。債務が自然と目減りして行くインフレの方がよほど好都合だ。だからこそ、深刻な債務を抱えた為政者は往々にしてインフレを追求する(これを「インフレ・バイアス」と言う)。

主要先進国が高債務に苦しんでいることは、疑いようのない事実だ。先進国の為政者は、間違いなくインフレの復活を望んでいる。為政者がインフレを追求している以上、インフレの復活はもはや時間の問題と言っても過言ではない。

第二章

溢れたマネーで、ついに巨大インフレがやってくる

インフレは私たちに何をもたらすのか？

物価が上がり続ける「インフレ」と、物価が下がり続ける「デフレ」。物価変動を表すこの経済用語を聞いたことがないという人は、ほとんどいないだろう。しかし、その本質を理解している人はどれだけいるだろうか？

三〇年前のバブル崩壊後、日本は長らくデフレに苦しめられてきた。物価の下落→企業収益の減少→個人所得の減少→消費の落ち込み→物価のさらなる下落……「デフレスパイラル」と呼ばれる、このような悪循環からなかなか抜け出すことができなかった。二％のインフレ率を目標に掲げ、デフレ脱却を目指したものの、バブル崩壊後の三〇年でインフレ率が二％を超えたのは、二〇一四年だけである。

実は、この年は消費税率が五％から八％に引き上げられており、その影響でインフレ率が二％を超えたのだが、それ以外の年はおおむねプラスマイナス一％の範囲内で推移している。

ある程度のインフレが実現すれば、デフレスパイラルとは正反対の好循環が期待できる。物価の上昇が企業収益を押し上げ、従業員の賃金上昇などを通じて個人所得が増え、消費も伸びるという好循環だ。

わが国のこのような状況を踏まえると、「インフレが善で、デフレは悪」と考えがちであるが、インフレとデフレのどちらが良いのかは一概には言えない。個人々々の生活で見ると、逆に「インフレが悪で、デフレは善」となる場合もある。たとえば、インフレであっても収入がほとんど増えなければ実質的な所得は減り、生活は苦しくなる。またデフレであっても、収入が減らなければ実質的な所得は増え、生活は楽になる。もちろん、インフレ時には多くの人々の所得は増えるから、全体で見れば良い経済状態（好景気）をもたらすことが多いし、デフレ時には多くの人々の所得が減るから、全体としては悪い経済状態（不景気）をもたらすことが多い。

結局のところ、経済が活性化し、前述のような好循環をもたらすインフレが

「良いインフレ」ということだ。そして個人レベルで言えば、収入が物価上昇以上に上がれば、それはその人にとって「良いインフレ」と言えるし、収入増加が物価上昇におよばなければ「悪いインフレ」となる。

そして今、世界の多くの人々にとって、収入増加が物価上昇に到底およばない、極めて悪性の「巨大インフレ」の到来が迫りつつあるのだ。

溢れかえった「緩和マネー」がもたらす巨大インフレ

「良いインフレ」と「悪いインフレ」があることからもわかると思うが、一口にインフレと言ってもいくつかのタイプがある。大きく分けると、需要側に原因がある「ディマンドプルインフレ」と供給側に原因がある「コストプッシュインフレ」に分類される。

「ディマンドプルインフレ」は、好景気を背景に需要が増えることによって起きるインフレで、一般的には「良いインフレ」とされる。「コストプッシュインフレ」は、原材料や賃金の上昇など生産コストの上昇が引き起こすインフレで、一般的には「悪いインフレ」とされる。その他、円安による輸入品の価格上昇がもたらすインフレ、消費税引き上げによるインフレなど、細かく分類するとインフレには多くのタイプがある。

そして今、悪いインフレ、すなわちコストプッシュインフレよりもはるかにタチの悪いインフレが私たちの生活を脅かしつつある。それこそ、通貨供給量の増大がもたらす「財政インフレ」である。政府の発行した国債を中央銀行が買い入れることで通貨供給量が増加し発生するインフレだ。通貨が大量に供給されると貨幣価値が低下するが、それがインフレという形で表れるわけだ。

一般的にインフレは物価上昇、つまり「モノの価値が上がること」であるが、財政インフレの場合はモノの価値が上がるわけではなく、お金の価値が下がる結果として物価が上がるわけだ。

お金、特に紙幣についてはただの紙キレだから、物質的な価値はほとんどないに等しい。たとえば、一万円札の製造原価は二十数円程度だ。なぜ、本来二十数円程度の価値しかない一万円札に誰もが一万円の価値を認めるのか？　それは、貨幣に対する信用があるからだ。そんなことは普段生活する中では考えもしないことだが、誰もがなかば無意識のうちに貨幣を信用している。一万円札という紙キレが一枚あれば、たとえば単行本なら数冊買えるし、ちょっと豪勢なディナーを食べることも、小綺麗なビジネスホテルに泊まることもできる。そのような信用があるから、誰も一万円札の一万円分の価値を疑うことはない。

しかし、ひとたびその信用が失われれば、貨幣の価値は瞬く間に暴落する。物質的な価値はほとんどないのだから、当然だ。千数百円程度で売られていた単行本や、サラリーマンが昼休みに食べるようなごく普通のランチが、一万円になるような世界が出現しかねないのだ。

相対的に一万円の価値は激減する。物価が二倍になれば通貨価値は二分の一に、物価が一〇倍になれば通貨価値は一〇分の一に、物価が一〇〇倍になれば通貨価値は一〇〇分の一になる。一〇〇万円という「大金」は、一万円程度の価値しかなくなる。一億円の資産も、一〇〇万円の価値にすぎない。グレードの低い軽自動車の新車が、一億円出してようやく買えるということだ。このような極端なインフレは「ハイパーインフレ」と呼ばれ、古今東西、多くの資産家を没落させてきた。

現在、多くの国で政府が発行した大量の国債を中央銀行が買い入れている。中央銀行は買い入れた国債の代金を支払うから、通貨の供給量が増大する。発券銀行である中央銀行は理屈上、いくらでも紙幣を刷ることができる。

こうして景気対策の名の下に、空前規模のバラ撒きが行なわれ、市場にマネーが溢れかえっているのだ。実質的に中央銀行が国の借金を肩代わりする、「財政ファイナンス」という状態に近い。

そして、ハイパーインフレは財政ファイナンスを原因とする場合が多い。ハイパーインフレは財政破綻にほかならない。はっきり言って、世界の少なからぬ国々はかなり危ない橋を渡っている。そして、世界最悪の財政状態にあるわが国が渡る橋こそが、崩落するリスクがもっとも高いのだ。

根強いデフレ圧力とインフレの兆候

日本ではバブル崩壊後、強力なデフレ圧力にさらされ物価がほとんど上がっていないが、新型コロナの感染拡大によりその状況にますます拍車がかかり、世界的にインフレ率が鈍化している。各国で人やモノの往来が制限され、多くの経済活動がストップした結果、世界経済は前例のないほどの落ち込みを強いられている。

需要不足で物価が下落する要因には事欠かないが、物価が大幅に上がる要素などほとんどないようにも思える。しかし、注意深く目を凝らしてみると、インフレの芽をいくつも見つけることができる。

日本国内の物価も徐々に下げ止まりつつある。全国消費者物価指数は感染が拡大した二〇二〇年四月に三年四ヵ月ぶりに下落に転じ、マイナス〇・二%となった。五月もマイナス〇・二%だったが、六月には横ばいとなった（いずれも前年同月比）。

アメリカの物価推移も上昇基調に戻りつつある。消費者物価指数は二〇二〇年三月にマイナス〇・四％、四月にはマイナス〇・八％（いずれも前月比）と落ち込んだが、五月はマイナス〇・一％、六月には〇・六％と早くもプラス圏に浮上した。巨額の財政出動を受け、市場のインフレ率の見通しも高まってきた。物価連動債から計算されるインフレ率の市場予想は、三月の〇・五％から七月には一・五％まで上昇している。

インフレにより実質金利の低下に拍車

コロナ禍に伴う景気悪化を受けて、米FRB（連邦準備制度理事会）は政策金利であるFF金利の誘導目標を〇～〇・二五％に設定し、再びゼロ金利政策を開始した。長期金利も低下した。コロナショックにより市場が大荒れとなった三月に乱高下が見られたが、その後はおおむね〇・五～〇・七％程度の低水準で推移している。しかも、これは名目金利つまり見かけ上の金利だ。実質的な金利収入は、物価の影響を受ける。

身近な預金金利で考えてみよう。たとえば、預金金利が年三％だったとする。その時、インフレ率が年二％だったとすると、物価が上がった分、正味の金利は年一％となる（三－二＝一％）。このように物価変動の影響を除いた正味の金利は、「実質金利」と呼ばれる。

そして今、特にアメリカにおいて実質金利が急速に低下しているのだ。二〇二〇年七月時点で、アメリカの長期金利は〇・六％程度、インフレ率の市場予想はすでに述べた通り一・五％だ。その結果、実質金利はマイナス〇・九％となる（〇・六－一・五＝マイナス〇・九％）。つまり、アメリカでは実質的にマイナス金利状態に陥っているわけだ。アメリカではかつて欧州危機が深刻化した当時、実質金利がマイナスになったが、今回のマイナス〇・九％という金利は当時の水準をも下回る過去最低水準だ。

実質金利がマイナスに沈むのは、アメリカだけではない。政策金利と消費者物価指数を基に算出した実質金利は、日本、ユーロ圏、イギリス、カナダなど多くの先進国で軒並みマイナスとなった。中央銀行による政策金利の引き下げと、量的緩和に伴う大量の国債買い入れが名目金利を引き下げ、政府による大規模な財政出動がインフレ率に上昇圧力をかける。その結果、実質金利が急低下しているのだ。

もちろん、実質金利の低下は景気を浮揚させる緩和効果を高めるが、一方でインフレに拍車をかけるリスクも秘める。多くの国は巨額の財政出動を国債発行、つまり借金で賄う。その国債を、中央銀行が量的緩和の名の下に買い入れている。このような、「事実上の財政ファイナンス」が制御不能のインフレを引き起こすリスクを軽視すべきではない。

急増する預金がさらなる金利低下を促す

「金利」というのはお金のレンタル料であるから、金利が低下しているということはそれだけお金の価値が低下しているとも言える。実質的にお金を貸している預金者には不利で、お金を借りている債務者に有利となる。ましてや実質金利がマイナスともなれば、実質的に預金の価値は目減りするわけで、預金をするなどバカバカしい話と言える。

さぞや銀行の預金残高は減っているのかと思いきや、実はすさまじいほどの勢いで預金残高は増えている。日銀が発表した六月の貸出・預金動向（速報）によると、全国の銀行の預金平均残高は過去最大の七八六兆一一六三億円となった。伸び率も過去最大で、前年同月比八％の増加となった。一人当たり一〇万円の特別定額給付金の支給や、外出自粛に伴う消費の減少が預金残高の増加につながった面もあるが、なによりも新型コロナの感染が拡大する中、個人、企業共に防衛的に手元資金を確保する動きが強まったのが大きな要因であろう。

本来、銀行にとっては預金が集まることは喜ばしいことだ。ところが今や、急増する預金は銀行経営の重荷になっている。集まった預金を融資しようにも企業の資金需要は乏しいし、運用しようにもゼロ金利、マイナス金利で目ぼしい運用先も見つからない。行く当てもなく銀行に積み上がる預金は、もはや余剰在庫でしかなく、預金を断る銀行さえ出る始末だ。さすがに個人の預金を断る銀行はあまりないようだが、企業に対しては取引の濃淡により、全部または一部の預金を断っているという。

二〇二〇年四月、銀行はついに定期預金金利の引き下げに動いた。それまで、定期預金の金利は年〇・〇一％が主流であった。まず、三井住友銀行が年〇・〇〇二％に引き下げると、ゆうちょ銀行、三菱ＵＦＪ銀行、みずほ銀行、りそな銀行と大手行が追随した。五分の一に引き下げられ、普通預金の金利〇・〇〇一％とほぼ同水準となった。その後、地銀も大手行に追随し、定期預金金利は軒並み〇・〇〇二％に引き下げられた。金利が他行より高いと、有利な預け先として個人や企業から預金が集まってしまう。そこで、一斉に横並びで金利が引き下げられたのだ。

このように、大量に供給される緩和マネーが金利の低下を促し、預金が余剰在庫と化している。それだけ「お金の価値が低下している」ということだ。お金の価値の低下はインフレと表裏一体と言えるから、ここにもインフレの芽を確認することができるわけだ。

下落し始めた米ドル

通貨価値の低下は数字にも表れ始めている。総合的な通貨の強さを示す、米インターコンチネンタル取引所（ＩＣＥ）の算出する「ドル指数」が下落し始めているのだ。ドル指数は二〇一一年当時はおおむね七〇台で推移していたが、その後は上昇基調に転じ、コロナショック直後の二〇二〇年三月には世界的なドル需要の高まりを映し一〇三台まで上昇した。しかし、その後は下落に転じ、二〇二〇年七月三一日には九二・五四六を付けた。七月には四％以上下落し、月間の下落率としては約一〇年ぶりの大きさであった。

新型コロナの感染拡大による景気低迷の長期化がドル安を促していると言われるが、実質金利の低下が影響していることも疑いの余地がない。

下落し始めた米ドル指数

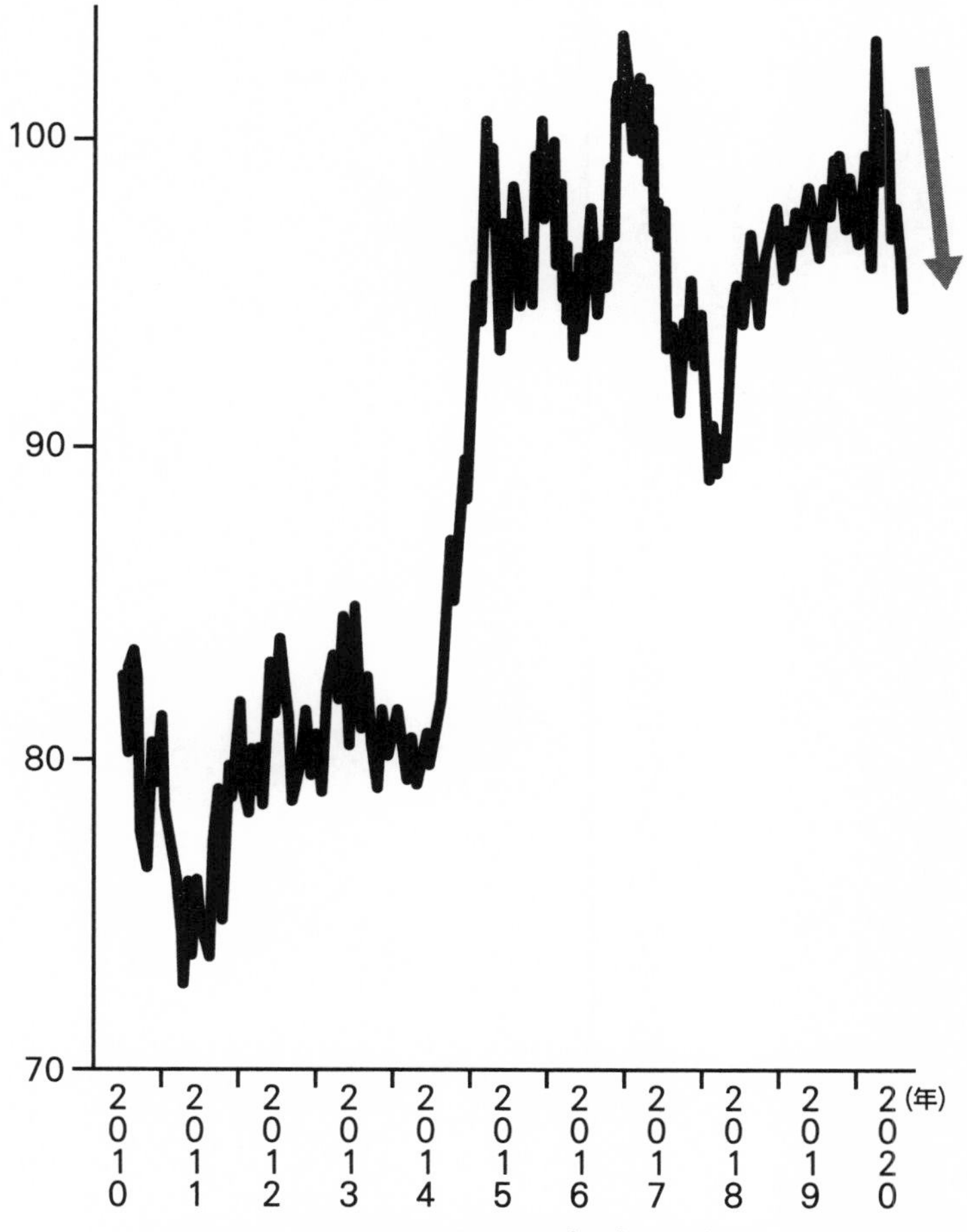

インターコンチネンタル取引所（ICE）のデータを基に作成

今後、財政支出の増大がインフレ圧力を高めることは必至で、インフレ率の上昇によりすでにマイナス圏にある実質金利がさらに低下すれば、しばらくはドル離れ（ドル預金離れ）に拍車がかかる可能性もある。

不況下の株高

コロナ危機を受けた空前規模の金融緩和と財政出動は、マーケットを大きくゆがめている。大幅な金利の低下が投資マネーをリスク資産へと向かわせている。

アメリカ株は、この一〇年ほぼ一貫して上昇し、ニューヨークダウは二〇二〇年二月一二日には終値で二万九五五一・四二ドルの史上最高値を付けた。当初は新型コロナの感染拡大などどこ吹く風で上昇してきたが、同月下旬に株価が下落し始めると一気に崩れ、三月二三日には終値で一万八五九一・九三ドルの安値を付けた。わずか一ヵ月強で一万ドル以上も下落するという、大暴落と

ニューヨークダウとナスダックのチャート

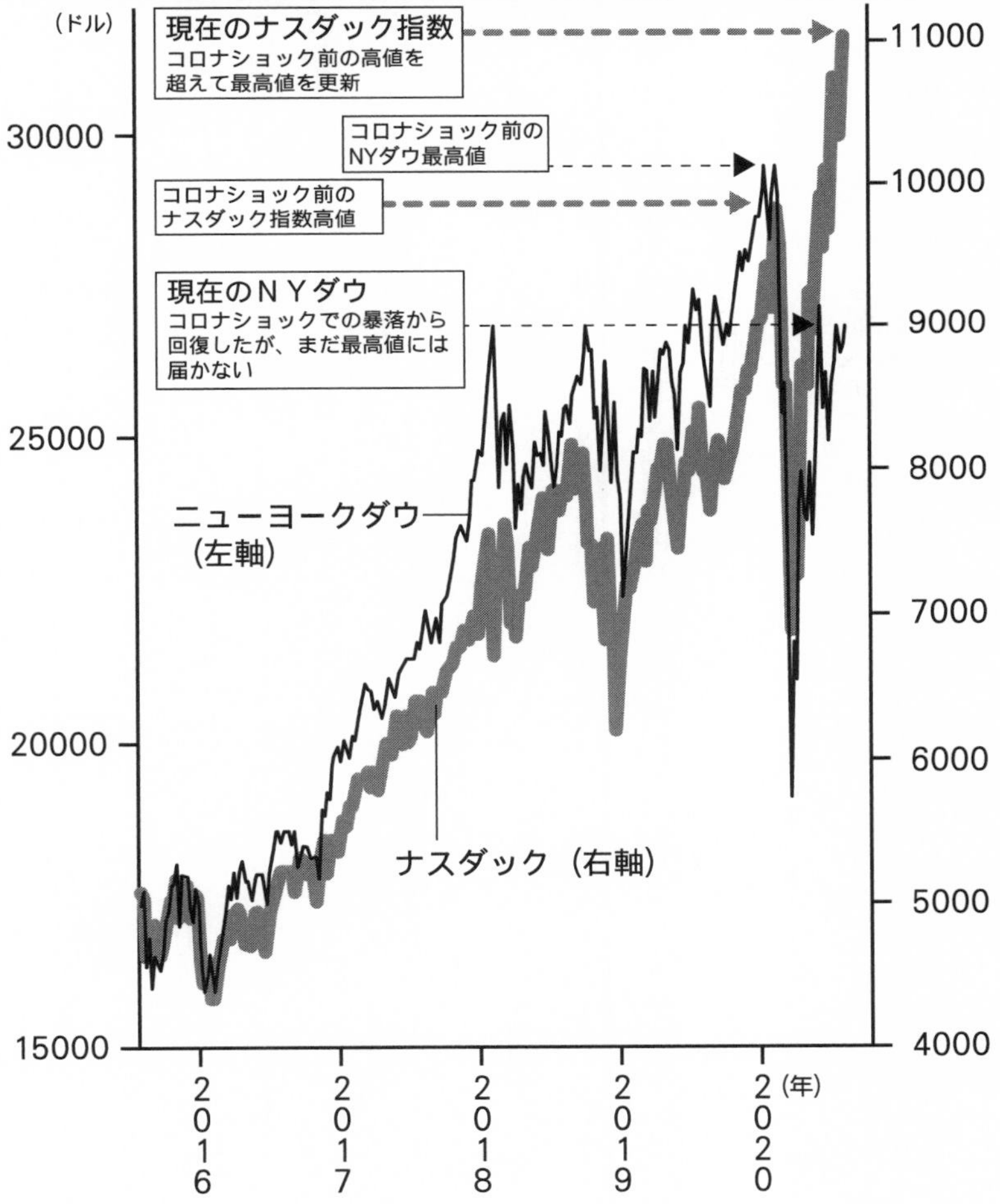
(ドル)
現在のナスダック指数
コロナショック前の高値を超えて最高値を更新
コロナショック前のNYダウ最高値
コロナショック前のナスダック指数高値
現在のＮＹダウ
コロナショックでの暴落から回復したが、まだ最高値には届かない
ニューヨークダウ（左軸）
ナスダック（右軸）
30000
25000
20000
15000
11000
10000
9000
8000
7000
6000
5000
4000
2016
2017
2018
2019
2020
(年)

なった。

しかし、その後、ダウは急反発した。六月には一時二万七〇〇〇ドル台を回復したのである。特に、ハイテク株比率が高いナスダック指数の回復ぶりはニューヨークダウの比ではない。六月には早くもコロナショック前の高値を抜き、その後も最高値を次々に更新しているのだ。

全般に、ハイテク株は新型コロナの影響を受けにくいと言われる。また成長企業は利益を上げ、投資を回収するのに時間がかかる傾向がある。借り入れに大きく依存する企業も少なくない。そのような企業にとって、実質金利の低下は投資コストの低下に直結し、経営の追い風になる。金融緩和に加え、これらの要因がハイテク企業の株価を強力に押し上げているのだ。

日本株もアメリカ株と同様、暴落後、急反発した。日経平均株価はコロナショック前二万四〇〇〇円前後を付けていたが、三月一九日には一万六五五二・八三円（終値）の安値へと暴落した。その後、六月には一時二万三〇〇〇円台を回復した。

ロックダウンの実施などで経済活動が世界的に制限される中で、実体経済はボロボロであった。失業者は激増し、ＧＤＰ成長率をはじめ生産、消費、雇用、貿易などあらゆる経済指標がにわかには信じがたいほどの悪化を示した。まさに、あの「世界恐慌以来の大不況」である。それにも関わらず、株価は急回復したのである。

実は、実体経済と株価にはギャップが生じるのが普通だ。通常、株価は実際の景気に半年ほど先行して動くと言われる。しばしば経済関連のメディアが「期待先行の株高」などと批判的に報道するが、「期待先行の株高」も「不安先行の株安」もいたって自然な動きなのである。

ただ、それにしても回復のピッチが速すぎる。株価が景気に半年先行するのであれば、景気の底は二〇二〇年の九月頃となり、その後、景気はＶ字回復するということになる。本書を執筆している二〇二〇年八月現在、感染者数は拡大の一途をたどり収束の気配は見えない。ワクチン開発は急ピッチで進められているが、実際に接種が始まるのはどんなに早くても来年以降と見られる。現時点では、景気のV字回復の可能性はかなり低いと言わざるを得ない。

このような多くの人々の予想をはるかに上回る株価の急回復は、空前規模の金融緩和と財政出動がもたらした〝ゆがみ〟と言ってよいだろう。実体経済や企業業績の悪化と株価上昇というゆがみは、今後さらに大きくなる可能性が高い。緩和マネーの大量流入に加え、インフレの高進による株価の下支え効果は期待できるものの、ゆがみに耐えかねた株価が再度暴落する可能性には十分な注意が必要だろう。

金《きん》に殺到する投資マネー

株以上に顕著な上昇を示すのが金《きん》（ゴールド）だ。「有事の金《きん》」と言われるように、金《きん》は危機に強い資産だ。ただし、危機により株式市場がパニックを伴う本格的な暴落局面に突入すると金《きん》も売られることが多い。いわゆる「換金売り」だ。

株式市場の暴落は、特に先物取引や信用取引といったデリバティブ取引を行なう投資家を追い詰める。これらの取引はレバレッジをかけるため、あっと言う間に含み損が膨れ上がる。そのため、損失の穴埋めや追加証拠金（追い証）を捻出するために、利が乗っていて値上がり期待のある資産も売られるのだ。リーマン・ショック時もコロナショック時も金《きん》は換金売りに押され、大きく値下がりしている。

しかし、これはあくまでも一時的な動きだ。換金売りが一巡すれば、元々値上がり期待のある資産は上昇に転じる。金《きん》も当然のように上昇に転じた。株の大暴落のさなかにあった二〇二〇年三月中旬に一トロイオンス＝一五〇〇ドルを割り込んだ金価格は、その後急ピッチに上昇して行った。これまでの金《きん》の最高値は二〇一一年九月に記録した一トロイオンス＝一九二三ドルだ。

二〇二〇年七月二七日、この記録を九年ぶりに更新した。金価格はその後も上昇を続け、七月三一日にはついに二〇〇〇ドルの大台を突破した。金価格は同年七月だけで一二％も上昇し、年初来の上昇率は三〇％を超えた。金現物の国内小売価格も一グラム＝七〇〇〇円を突破し、一九八〇年一月に記録した最高値を約四〇年ぶりに更新した。さすがに上昇ペースが速く、調整局面はあると考えられるが、現在の金《きん》の先高観は非常に強いものがある。

金価格上昇の背景にあるのはやはり、コロナ危機対策として各国が進める金融緩和と財政出動だ。金融緩和と財政出動により大量に供給されたマネーが通貨価値を低下させ、その裏返しとして物価の上昇が警戒される。ドルが下落し始めていることはすでに述べたが、金《きん》はドルの代替資産とされ、ドルの下落時には買われやすい。また、金《きん》は「モノ」でもあるから、物価上昇時には上昇しやすい。つまり、インフレにも強いのだ。

金利の低下も金相場の追い風になっている。金《きん》の大きなデメリットとして、金利が付かないことが挙げられる。金《きん》は単なる「モノ」であり、ただ保有していてもお金を生まない。ところが、各国が進めた大幅な金融緩和により金利がゼロに近づき、金利が付かないという金《きん》のデメリットが薄まった。ましてやマイナス金利ともなれば、この金《きん》のデメリットは逆にメリットに転じる。元々、

金価格の推移

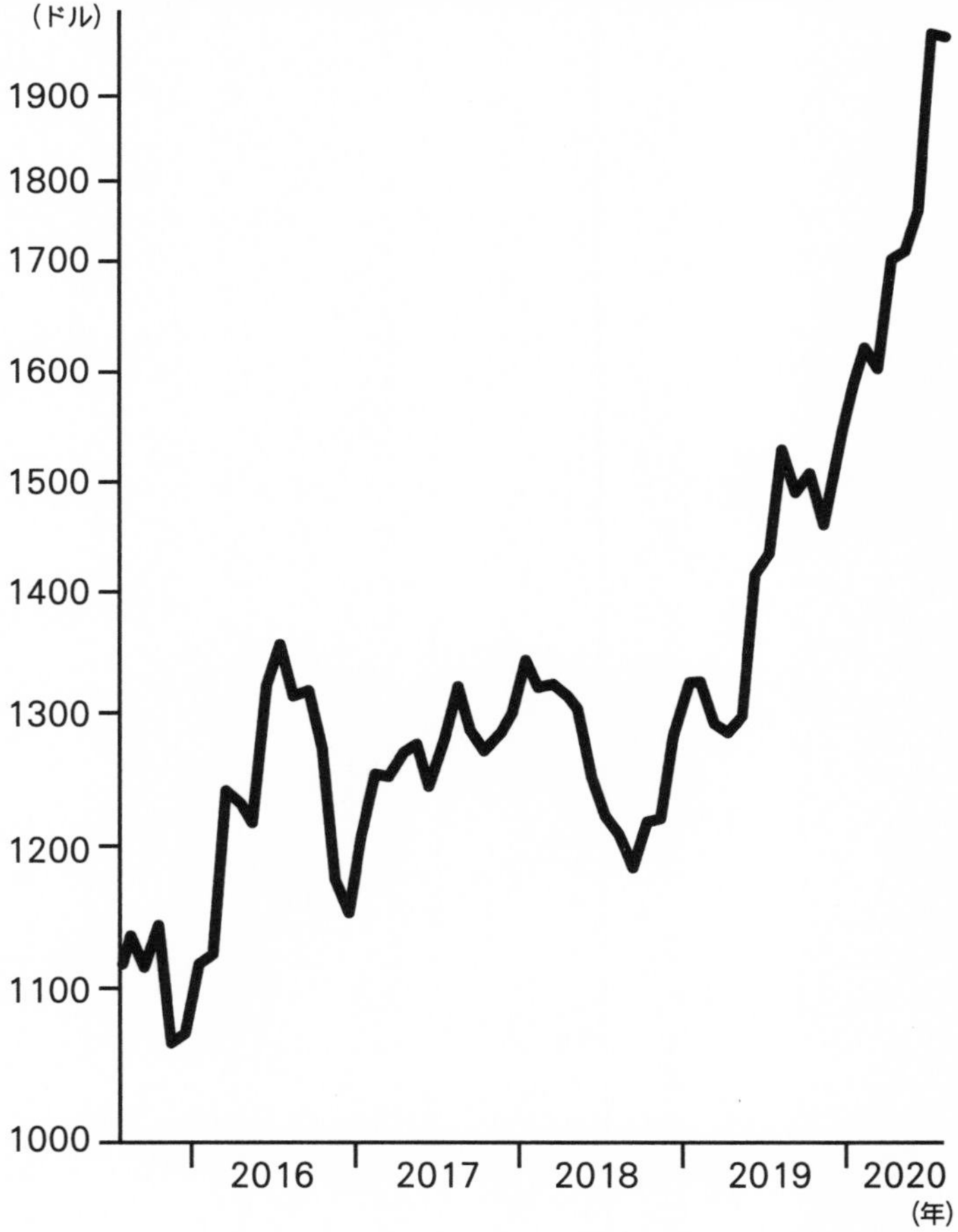

MacrotrendsのHPのデータを基に作成

金利が付かない金《きん》に「マイナス金利」はあり得ないからだ。前述のように、アメリカなどすでに実質金利がマイナスになっている国もあり、金利面でも金《きん》が相対的に有利な資産になっているのだ。

これらの要因以外にも、収束が見通せない新型コロナの感染拡大や米中の対立など、先行きへの不安の高まりも金価格上昇に拍車をかけている。そして、この先行き不安こそが金価格を強力に押し上げている数々の要因の中でももっとも重要なポイントと言える。各国の金融緩和と財政出動、低金利、インフレ懸念については、いずれも株価にとっても金価格にとっても強材料だ。

しかし、先行き不安については株価にとっては弱材料であるが、金価格にとっては強材料となる。共に高騰を続ける株式相場と金相場であるが、この部分は決定的な違いと言える。株式相場は、文字通り先行き不安を抱えながら上昇を続けている。ひとたび不安が顕在化すれば、それは株価暴落のきっかけになりかねないわけだ。しかし金《きん》の場合は、先行き不安が高まれば高まるほど、相場の上昇圧力も高まる。

このように、金価格については弱材料がほぼ見当たらない。つまり、下落する要因がほとんどないのだ。それが、現在の金相場の力強い上昇を支えているのである。

もちろん懸念はある――バブルだ。これだけ強材料だらけだと、理屈で考えれば金価格は上昇するに決まっている。ほとんど誰もが金価格の上昇を信じるわけだ。すると、投資マネーが金市場に殺到する。金《きん》の国際調査機関「ワールド・ゴールド・カウンシル」によると、二〇二〇年の世界の金ＥＴＦ（上場投資信託）への資金流入は年初から六月までで三九五億ドル（約四兆二〇〇〇億円）に達する。これまで年間の最高は、二〇一六年の二三〇億ドルだ。二〇二〇年は、わずか半年で二〇一六年年間の二倍に迫る資金が金ＥＴＦに流入しているのだ。

この資金流入ペースからすると、おそらく二〇二〇年は年間で二〇一六年に比べ少なくとも三倍、場合によっては四倍の資金が金ＥＴＦに流入するだろう。また、ＡＩ（人工知能）を駆使して超短期の売買を繰り返すヘッジファンドなどの投機マネーも流入している。

先高観の強い金市場にこれらの投資マネーが流入し、買いが買いを呼ぶ展開になりつつある。短期的にはオーバーシュートして急落を繰り返す可能性が高い。しかし、急落した時には「待っていました！」とばかりにすかさず買いが入るだろう。強材料ばかりに囲まれた金相場が、長期的に大崩れする可能性は非常に低いと考えられる。将来的には、金相場は巨大インフレの象徴的存在になると見ている。

インフレの恐るべき実例

コロナ危機対策として空前規模の金融緩和と財政出動を推し進める結果、世界は今、通貨供給量の増大がもたらす財政インフレのリスクに直面している。財政インフレの制御に失敗すれば、その先に待つのは「ハイパーインフレ」とも称される巨大なインフレだ。そして、日本を含む少なからぬ国々が事実上の財政ファイナンスに足を踏み入れる中、私たちが巨大インフレに襲われる可能性が低いとは、到底言えない。

ハイパーインフレともなれば、物価はごく短期間のうちに信じがたい上昇を見せる。たとえ話として一〇〇万円程度の軽自動車の新車が一億円に高騰する話をしたが、普通はこんな話を信じる方はいないだろう。あまりにも大袈裟すぎて聞くのもバカバカしいと思う。ただ、これまでの私の著作をお読みになった読者など歴史を勉強している方は、条件さえ揃えばこの程度のインフレは簡単に起きることを知っている。一〇〇万円の商品が一億円になるどころか、一〇〇億円にも一兆円にもなり得るのだ。インフレの歴史を知らない方は信じられないだろう。しかし、恐ろしいことにそのような破滅的なインフレは架空のたとえ話などではなく、これまで世界で何度も起きている実話なのだ。

そのような実例をいくつか紹介しよう。世界でもっとも有名なハイパーインフレの実例は、戦前のドイツで発生したものだろう。歴史の教科書にも取り上げられ、学校で習った記憶のある方もいるだろう。一九一三～二三年までの一〇年間で、ドイツの物価は一〇〇兆%も上昇した。つまり、物価が一〇年間で一兆倍になったということだ。日本円でたとえれば、一〇〇円の商品が一〇〇兆円となる。

「億」ならまだしも「兆」という金額は、多くの個人にとってまったくピンとこないだろう。一〇〇兆円というと、日本の国家予算（一般会計予算）がちょうどそのくらいだ。当時のドイツの物価上昇は、日本の一年分の国家予算を注ぎ込んでも、一〇〇円の缶コーヒー一本しか買えないほどすさまじいものだったということだ。

実際には一〇〇兆円もの資産を持つ個人は、日本には存在しない。一兆円の資産を持つ超富裕層はごく一握りだが存在する。そんな超富裕層が当時のドイツにタイムスリップして、ハイパーインフレに巻き込まれたとしたら……一兆円の資産価値は、わずか一円である。一円では、ほぼなにも買えない。一兆円もの大金は、ほぼ無価値になった。ドイツで起きた経済変動は、それほどすさまじいものだったのである。

これほどのインフレだから、通貨マルクは紙クズも同然であった。子供が札束を積み上げて遊んだり、暖炉の薪を切らした人が薪の代わりに札束を燃やしたなどの信じられないような実話が多く残っている。

ソ連崩壊をきっかけに、ロシアでもハイパーインフレが発生した。ロシアではソ連崩壊後から物価はかなり上昇していたが、一九九二年に価格自由化政策が実施されると、インフレが加速した。九二年のインフレ率はなんと二五一〇％にものぼったというデータがある。物価が一年で二六倍になるということだ。これでもとんでもないハイパーインフレだが、実際の物価上昇はこんなものではなかったようだ。私はこれまで数回、ロシアに出向き多くの人を取材したが、実際のインフレ率は七〇〇〇％程度でしかもそれが三年続いたという。一年間で物価が約七〇倍になるわけで、それが三年間続くと物価は実に約三四万倍に高騰する計算だ。

ハイパーインフレに加え、その後実施されたデノミ、ロシア国債のデフォルト（債務不履行）、預金封鎖などにより、ほとんどのロシア国民が財産の大部分を失った。急激な社会の変動に付いて行けず、将来を悲観して自殺する人やウォッカなどの飲酒に逃げる人が増え、死亡率が上昇し平均寿命は短くなった。当時のロシアには、あの貧しいソ連時代を懐かしむ人がいたという。ロシア国民にとって国家破産は、それほどまでに過酷だったのである。

トルコも財政が破綻し、一九七〇年代から二〇〇〇年頃まで厳しいインフレに見舞われた。ただ、インフレ率についてはピーク時でも一二〇%程度であった。一年間で物価が二倍強になったわけで、厳しいインフレには違いないが、ドイツやロシアに比べれば物価上昇ペースははるかに緩やかだ。

年率一〇〇%のハイパーインフレといっても、一ヵ月間の物価上昇は六%程度のものだ。一〇〇円の商品であれば、一ヵ月後に一〇六円に値上がりする程度だ。日々の生活の中ではインフレを実感しにくいかもしれない。一ヵ月程度の短期間で見るとわずか数%の物価上昇だが、一年後、気付けば物価は二倍になっていた。私は二〇〇一年にトルコを現地取材しているが、私がインタビューした現地在住の日本人ジャーナリストは、トルコのインフレについて

「弱く打たれ続けていて、一年経ったらやっぱり二倍になっていた。なにか、真綿で首を締められているような感じ」と語ってくれた。

しかし、トルコは約三〇年間もの長きにわたりハイパーインフレに苦しめられてきた。インフレ率が極端に高くなくても、それが長期間続くと物価は信じられないほどの水準に高騰するのだ。ＩＭＦ（国際通貨基金）のデータベースによると、トルコでは二〇〇三年の物価を一〇〇とすると一九八〇年の物価は〇・〇〇三となっている。この二三年間で、物価は約三万三三三三倍になったわけだ。平均すると、一年間のインフレ率は約五七・三％となる。つまり、トルコでは物価が年率五七・三％の複利で二三年間上昇し続けたということだ。日本円に置き換えれば、一〇〇万円で買えた軽自動車が二三年後には三三三億円払わないと買えないということになる。しかも、これはあくまでも統計の数字だ。ハイパーインフレに見舞われた国では、大抵闇の商品が出回るから、実際のインフレ率はさらにひどかったと考えられる。

今世紀以降もアルゼンチンやベネズエラなど、ハイパーインフレに苦しむ国は少なくない。中でもジンバブエのハイパーインフレは絶句するほどのすさまじさであった。非公式ではあるが、二〇〇九年一月のインフレ率は「六五×一〇の一〇七乗」%に達したという。数字を並べると、六五の後にゼロが一〇七個付くわけで、ほとんどわけがわからない数字だ。

実はこの「六五×一〇の一〇七乗」%というインフレ率は、二四・七時間ごとに価格が二倍になるペースだという。つまり、大まかに言えば毎日、物価が二倍になるということだ。もはや、通貨ジンバブエドルは無用の長物と化し、国内では米ドルや南アフリカランドが流通した。同年四月には、ジンバブエドルの無期限発行停止が決定され、二〇一五年には公式に廃止となった。

迫りくる巨大インフレ

ハイパーインフレの実例をいくつか紹介したが、これらはほんの一部にすぎない。歴史を振り返ると、実際にはもっと多くの国がハイパーインフレに襲わ

なんと、100兆ジンバブエ・ドル!?

0の数が14個という
とんでもない高額紙幣である。

ジンバブエ政府が最後に印刷した100兆ジンバブエドル。これほどの高額紙幣を発行してもインフレ率に追いつかないため、この直後にジンバブエ政府は自国通貨を放棄し、ドルの使用を認めざるを得なくなった。

れている。ハイパーインフレは、決して昔話ではない。ジンバブエの例を見てもわかるように、政策の舵取りを誤ればまるで冗談のような破滅的なハイパーインフレは現代でも起きるということだ。

そして今、日本を含め世界の多くの国が金融政策と財政政策において極めて危うい舵取りを行なっている。コロナ危機対策としての空前規模の金融緩和と財政出動により溢れ返った膨大なマネーが、世界に巨大インフレという大惨事を引き起こすマグマとなり私たちを脅かしているのだ。

マグマは、地中に滞留している限り私たちに危害をおよぼすことはない。しかし、膨張を続けるマグマが噴火によって地上に放出されると大災害をもたらす。現在、供給されている膨大なマネーもこれと同じだ。どれほど膨大なマネーが供給されたとしても、そのお金がほとんど使われずにしまい込まれていたなら、インフレにはなりようがない。しかし、何かのきっかけでそのお金が大量に使用された場合、一気にインフレに火がつく。膨大な量のマグマが巨大噴火を引き起こすように、供給されるマネーが多いほど巨大なインフレが引き起こされるだろう。それがどの程度のインフレになるのかは、正直わからない。ハイパーインフレのような極端なインフレは、中央銀行にも政府にも制御できるものではないからだ。

現時点では、供給されている膨大なマネーはほとんど使われていないと言ってよい。そのため、インフレが加速する状況にはないわけだ。企業は大手を中心にコロナ危機による経営悪化に備え、銀行融資や融資枠の設定などで手元資金の拡充に動いている。個人も雇用が悪化する中、将来不安から財布の紐をきつく締めている。個人、企業共に防衛的に手元資金を確保する動きを強めた結果、銀行の預金残高が急増しているのもすでに述べた通りだ。そもそも、外出の自粛が求められ、お金を使う場面が限られることも大きい。

では、何がきっかけとなってインフレに火がつくのだろうか？　そのきっかけとなる目先の出来事は、やはり「コロナ危機の収束」だろう。有効なワクチンの開発などで、いずれは新型コロナも収束に向かう。景気も回復し、それまで自粛により我慢を強いられていた分、消費も増えるだろう。一時的に景気は上向くだろうが、やがてインフレが景気に水を差す可能性が高い。

以前から言われているように、やはり恐いのは食糧危機やエネルギー危機だろう。世界人口が増加を続ける中、異常気象による凶作など何かのきっかけで食糧危機が発生するリスクは常にある。現在、ユーラシア大陸で大量発生している「サバクトビバッタ」も食糧危機をもたらしかねない脅威と言える。FAO（国連食糧農業機関）の試算によると、一平方キロメートル当たりのバッタの集団は、一日で人間三万五〇〇〇人分に匹敵する食糧を食べ尽くすという。エネルギー危機も同様だ。コロナショックで大暴落した原油価格も、中東など産油国に絡む有事が発生すれば瞬く間に高騰する。

食糧にしても原油にしても、それが必要である以上、値上がりする。しかも、マネーは溢れるほど潤沢にある。すると、まるで大金持ちが参加するオークションのように、価格はどこまでも跳ね上がる。食糧危機やエネルギー危機が発生した場合、物価は信じられない勢いで上昇し、ハイパーインフレに突入する可能性は十分考えられる。

世界的にインフレの嵐が吹き荒れる中、先進国の中でももっとも厳しい打撃を受けるのはおそらく日本だ。すでに破滅的な財政状態にあり、食糧自給率は三〇％程度しかなく、原油にいたってはほぼ一〇〇％を輸入に頼る。需給がひっ迫すれば、それらの生産国は当然、自国民への供給を優先する。食糧や原油はまさに争奪戦となり、どんなに高くても買われる。

資源を調達するためさらにお金が必要になり、日銀はますます大量の資金を供給し、いよいよ日本銀行券すなわち日本円の価値は希薄化する。日本円は暴落し、大幅な円安がますます輸入物価を上昇させ、日本はすさまじい巨大インフレの嵐に巻き込まれて行くだろう。

第三章　国家破産であなたの年金と預金が消える!?

朝日も産経も指摘する「政府の財政試算は、まったくデタラメ」

年金と預金が消える？――「そんな大袈裟な」と思われる方もいることだろう。しかし、甘く考えていてはいけない。今のような政治の在り方では、年金も預金も本当に消えてなくなりかねない。

今の政治は、与党も野党も国民に負担は求めない。そして、社会保障の給付拡大だとか今回のコロナ禍のような時には手厚い補償を国民に与える。国民からすると一見ありがたい話だが、財源の話は常にスルーされたままだ。

今回、五七兆円超にのぼったコロナ危機対応予算も、全額借金だ。そして、そのお金を出すのは日銀。日銀はいくらでもお金を刷れるから、そして当面はインフレになる懸念はないから、国は日銀を好きなように財布として使っている。しかし、本当にそんなことを続けていて大丈夫なのか。

一橋大学名誉教授の中谷巌氏は、コロナ禍に対応する政府・日銀の一連の経済政策は、とりあえず市場に安心感を与えたと一定の評価をした上で「将来の副作用」だと述べる。中谷氏は憂うる。財政再建の議論はほとんど聞かれなくなり、財政再建はもはや「夢物語」になったと。そして、本来なら議論されなければならない財政の大盤振る舞い＝借金の山の後始末の議論。これがまともになされないことも憂うる。本来なら、増税や何らかの形での市場のクラッシュといった考えたくないことも考えなければならない。しかし、それはなされない。政府が語るのは「成長」とか「V字回復」といった国民のウケを取れる明るい物語ばかり。

そう、世間は、一般大衆は、借金の後始末には消費増税何％が必要だとか、そういう楽しくない話は好きではない。それがまあ、人情というものだろう。しかし、政治はその「楽しくない」現実に向き合わなくてはいけない。その上で、現実の問題を解決するには、時には国民にとって厳しい政策を提示しなくてはいけない。それが、結果に責任を問われる政治のあるべき姿のはずだ。

ところがこの国では、そんな責任ある政治は行なわれない。政治も一般大衆と同じように、楽しくない現実から目を背け、明るい成長物語をいつまでも謳っているのだ。

二〇二〇年七月三一日、内閣府は政府の財政諮問会議で、新型コロナウイルス感染拡大を反映した最新の中長期財政試算を示した。基礎的財政収支（プライマリーバランス）の黒字化の達成時期が年初の試算から二年遅れの二〇二九年度になるというものだ。このニュース、読者の皆さんもご記憶にある方が多いのではなかろうか。

しかし、この政府の試算、どう考えてもデタラメ極まりないものなのだ。それは、新聞の論調を読むだけでよくわかる。全国紙で安倍政権貶《けな》しの代表格・朝日新聞と安倍政権応援の代表格・産経新聞、このどちらもが政府試算のデタラメぶりを酷評しているのだ。

まず、朝日新聞だが二〇二〇年八月三日付社説で、タイトルは「財政再建目標　現実を直視すべきだ」。この朝日新聞の社説は、政府想定の成長率と現実の成長率との乖離をズバリ指摘する。政府試算は「実質二%、名目三%程度」の成長を来年度以降ずっと続けることが前提になっている。しかし第二次安倍政権発足の翌年から昨年までの七年間の平均は、実質一・〇％、名目一・六％。想定の約半分にすぎない。さらに内閣府の推計によると、日本経済の潜在成長率は〇・九％でしかないのだ。「現実を直視すべきだ」という朝日新聞社説の指摘は当然であろう。

一方、基本安倍政権応援団である産経新聞も二〇二〇年八月一日の紙面で、「甘い見通し　目標達成厳しく」という見出しを付けて厳しく難じている。産経新聞が着目しているのは、「全要素生産性」という指標だ。読んでみよう。「成長実現では、技術革新の進展などを反映した生産性の指標『全要素生産性』の上昇率が、現在の年〇・四％程度から（令和）七年度までに一・三％に上がると仮定。ベースラインでも〇・七％に伸びるとする。しかし全要素生産性は平成二四年一二月に発足した第二次安倍晋三政権下ではほとんど伸びていない。成長実現が織り込んでいる五年間で〇・九％という上昇率の伸びは、バブル崩壊直前の昭和末期の水準だ」。

昭和の水準で試算しているというのだから、開いた口が塞がらない。こちらの産経新聞の記事でも、今回の政府試算にまったく根拠がないことは明らかだ。

さらに両紙が共に指摘しているのは、このコロナ禍で生産性は落ち、目標とする成長率の達成は難しくなるという当たり前の現実だ。政府は、こういった「楽しくない現実から目を背け、明るい成長物語をいつまでも謳っている」と述べた意味がよくおわかりいただけたことと思う。

朝日新聞は、社説のラストでチャーチル元英首相の言葉を紹介している。その言葉とは、「成長はすべての矛盾を覆い隠す」。成長するという夢物語を語っていれば、増税の話を言わなくてすむ。財政不安から目を背けることもできる。

しかし、その「成長」は本当に可能なのか？　厳しい現実を直視しなければならないのではないか。私もまったく同感なのだが、この国の政治は厳しい現実を直視しない体質が染み込みすぎている……。

「少子・高齢化」とは「少年金・高齢化」である

ここまでは、わが国財政と経済成長の見通しが極めて厳しいことを説明してきたが、ここからはわが国の公的年金制度の厳しすぎる現状と未来像をご説明して行こう。

なにより、わが国の財政が破綻の危機に瀕しているのは、年金をはじめとした社会保障のための費用が果てしなく膨らんで行っていることによる。だから、財政危機と年金危機は直結している。にも関わらず、それをストレートに論じる空気はない。それどころか、甘々の試算で財政危機の実相からは目を逸らし、その一方で「一〇〇年安心年金」などとうそぶく。「うそぶく」などという言葉を使うのは政府に対して失礼かもしれないが、そういう表現を使わざるを得ないくらいデタラメがすぎている。

では、一方の野党はどうかといえば、これも同じレベルだ。かつて二〇〇九年に民主党が政権を取った時の総選挙で掲げたキャッチコピーは、「コンクリートから人へ」。公共事業から社会保障にということだが、当時すでに社会保障が財政悪化を推し進めることは明らかであった。しかも、社会保障は制度として国民全体を既得権者にするわけだから、ひとたび手厚い給付制度を作ってしまったら後戻りは極めて難しい。財政悪化を固定化し、さらに拍車をかけることになるのは明らかだ。

にも関わらず、そんなキャッチで国民をだましたのである（今でも印象に残るこのキャッチは、翌二〇一〇年の参議院選挙の民主党マニフェストでは流石に消された）。もちろん、キャッチに引っかかる国民も国民で、まるで新宿歌舞伎町のぼったくり店のキャッチに引っかかるお粗末な客、という構図をこの国では国政をめぐって見ることができる。

それでは、わが国の年金制度がなぜ絶望的な危機に瀕しているのか、その基本からご説明して行こう。

大きく分けて、年金制度には「積立方式」と「賦課《ふか》方式」とがある。「積立方式」には説明は不要だろう。ある人が年金保険料を支払って、それが積み立てられ運用されて、最終的に年金を受け取る年齢になったら、年金としてバックされるというやり方だ。このよく耳にする「積立」に対して、「賦課」とは聞きなれない言葉だが、辞書的には「租税などを割りあてて負担させること」（広辞苑）となっている。年金制度の実態に即してわかりやすく言えば、高齢者の年金を現役世代に割り当てて負担させるということだ。つまり、現役世代が払っている年金保険料が、そのまま高齢者の年金に回っているのである。言い方を変えれば、今、あなたが払っている年金保険料は、あなた自身のためのものではない。今の高齢者のためだ。そして、今まだ高齢者でないあなたの年金を払ってくれるのは、あなたが高齢者になった時の現役世代なのだ。

ここまでご説明したところで、「少子・高齢化」がなぜ問題なのかがはっきりしたことだろう。そう、「少子・高齢化」とは、「少年金・高齢化」とイコールなのである。言い方は悪いが、タネ銭を出す側が減って行くのだから、年金額も減って当然だ。だから「一〇〇年安心」のはずがないのである。

昭和三、四〇年代は高齢者一人を現役世代一〇人で支えていた

さて、では少子・高齢化はどんな感じで進んできて、今後はどうなって行くのか。グラフで見ていただこう。わが国では、生産活動に従事できる現役世代を一五歳以上六五歳未満とし、この年齢に該当する人口を「生産年齢人口」と呼ぶ。これだと高校生の年齢からということになり、今の日本の実態とはちょっとズレている感じはするが、統計的に以前からこの数字を用いているから連続性ということでご納得いただきたい。八九ページのグラフは、六五歳以上の高齢者を何人の現役世代で支えているかの長期推移グラフだ。

わが国が「国民皆年金」になったのは、実はそんな昔の話ではない。戦後の一九六一年（昭和三六年）だ。その当時、高齢者一人に対する現役世代は一〇人以上もいた（一九六〇年で一一・二人）。しかも、当時の年金は「高齢者がそれで暮らせる」レベルではまったくなかった。そもそも戦前は、大家族が高齢

65歳以上を15～64歳で支えた場合の人数比率

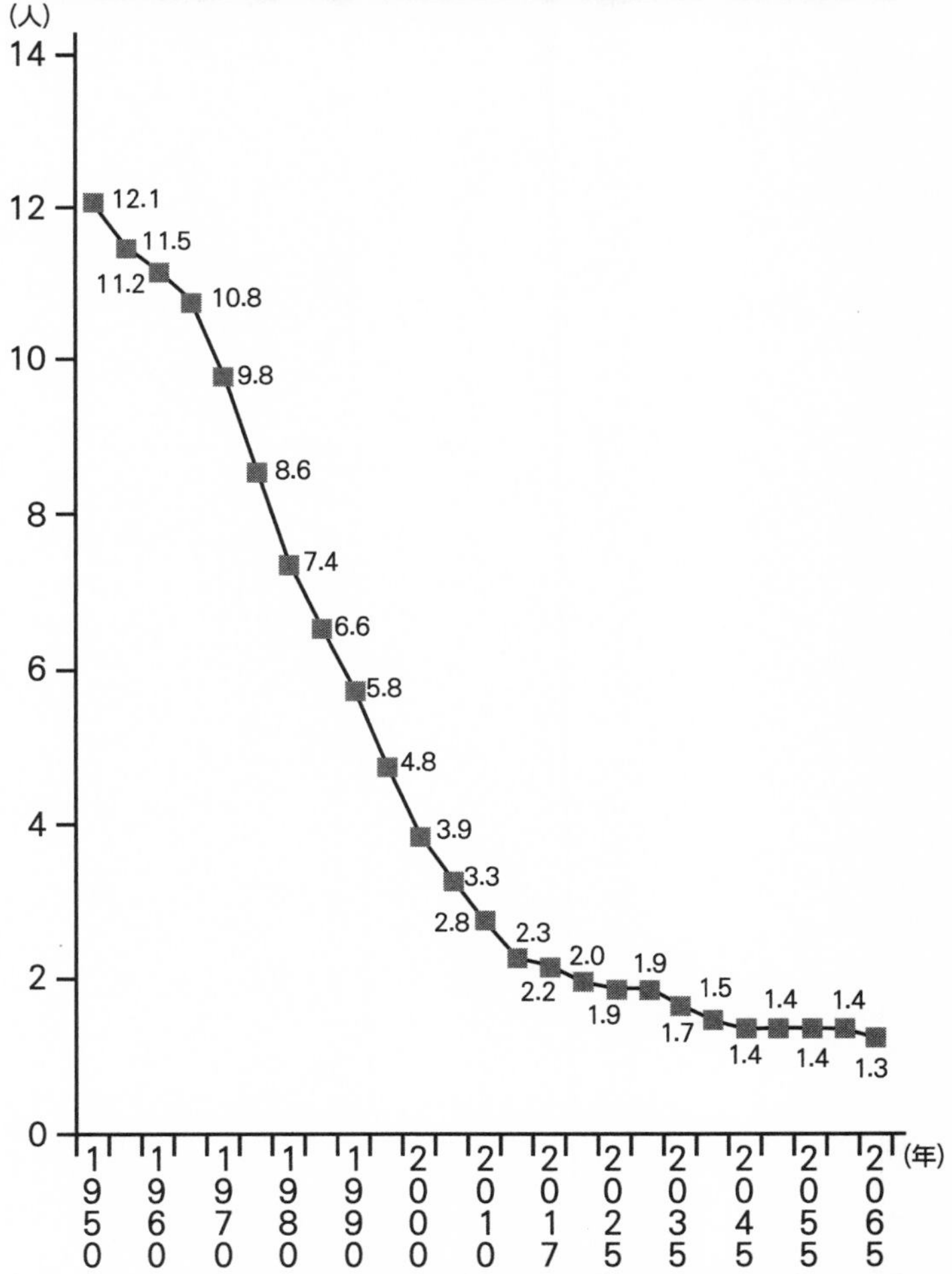

高齢社会白書（2018年版）のデータを基に作成

者を支えてきた。しかし、戦後の法制度は老人の地位を大きく引き下ろし、しかも子供たちは都会に出て核家族化が一気に進行した。そのため、高齢者の中には「惨めな思いをしている例も少なくない」（一九五七年〈昭和三二年〉読売新聞社説「国民年金制への期待」）というような状況が生じていた。これは、国が手助けしなくてはなるまい――それくらいの発想でのスタートだったから、スタート当時の年金額は今から見ればお小遣い程度のものであった。逆に言えば、制度としては余裕が十二分にあったわけだ。

その後、年金額は少しずつ上がって行き、一九七三年（昭和四八年）の田中角栄による「福祉元年」「年金元年」で現在の基本形ができあがる。七三年度の予算編成に臨んだ田中は、総評（筆者注：「日本労働組合総評議会」の略称。昭和時代の日本最大の労働組合全国中央組織）が求めた「四万円年金」を超える「五万円年金」の実現を厚生省に指示し、反対する大蔵省を押しきって成立させた。

実は、この田中の「五万円年金」は、それまでの年金制度にはない画期的なシステムを導入した。それは「物価スライド制」だ。先に年金額は少しずつ上がって行ったと述べたが、一九六五年（昭和四〇年）は「一万円年金」、一九六九年（昭和四四年）で「二万円年金」であった（いずれも月額）。そのわずか四年後の一九七三年（昭和四八年）に一気に二・五倍の五万円というのもすごいが、しかし当時はインフレの時代。大幅に増額しても、インフレですぐ目減りしてしまっていた（ちなみに一九七三年の消費者物価上昇率は一一・七%に達した）。そこで田中は、物価スライド制を導入したのである。

では、月額五万円という水準はどの程度のものであったのか？　この一九七三年当時の現金給与月額を見てみると、事務係員が七万七一六二円、機械工作一般工が九万一八三三円、薬剤師が八万九三七五円。看護婦（師）が八万二九四四円、高校教諭が一〇万四三一七円となっている。こうしてみると、五万円は大体一般労働者が手にする給与月額の五～六割だということがわかる。これは、現在と大きな差はない。田中の「五万円年金」は、今日に続く年金制度の基本形を作るものであったのだ。

その田中角栄の時代、一人の高齢者を支える現役世代はどれくらいいたかというと、先のグラフで明らかなように九人ほどもいたのだ。支え手がいなくなってしまうことへの不安どころか、一九七三年（昭和四八年）は戦後の第二次ベビーブームのピークの年。団塊の世代の子供たち、いわゆる団塊ジュニアが「おぎゃあ、おぎゃあ」と生まれた年であった。この年生まれた子供の数は二〇九万一九八三人にも達し、合計特殊出生率は二・一四。国民も政治家も識者と呼ばれる人たちも、団塊ジュニア世代の多さを問題視こそすれ、ほとんど誰も少子化に対する危機感などなかった（ちなみに、直近二〇一八年の出生数は一八九九年の調査開始以来過去最少の八六万五二三四人で、一九七三年の四割強にすぎない）。

二〇四〇年には高齢者一人を現役世代一・五人で支える

ただ、ごく一部先を読む識者はいた。「今後少子化が進むのではないか」――

高齢者1人を支える人数

1960年代〜70年代　“胴上げ型”

高齢者1人を
生産年齢人口約10人で
支える

2017年　“騎馬戦型”

高齢者1人を
生産年齢人口約2.2人で支える

2040年　“ほとんど肩車型”

高齢者1人を
生産年齢人口約1.5人で支える

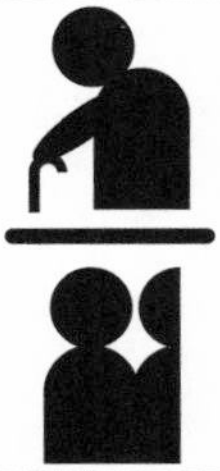

そういう問題意識を持つ専門家もいたのだ。その根拠は、意外とシンプルだ。当時、すでに先進各国では出生率の急落が始まっていたからである。

ドイツの合計特殊出生率は、一九六〇年代後半まで二・五前後で推移していたが、一気に急落して当時すでに一・五くらいにまで落ち込んでいたし、アメリカやスウェーデンも二・〇を割り込んでいた。その背景には、少なく産んで教育にお金をかけて進学させて豊かな生活を目指すというような、出産・養育に関する価値観の変化などがあったと指摘されている。こういった変化は、先進各国に共通するものであった。だから、わが国においても第二次ベビーブームが終われば出生率は落ち込んでも不思議ではないと見る識者は存在した。

そして、結果はその通りになった。合計特殊出生率は、第二次ベビーブームが終わると一九七五年にはあっさりと二・〇を割り込み（一・九一）、その後も減り続けた。昭和が終わり、平成が始まった一九八九年には一・五七に。その後も低迷を続け、二〇一九年の出生数はついに九〇万人を割って一九七三年の四割強の水準になってしまったことはすでに述べた通りだ。一人の高齢者を支

各国の合計特殊出生率

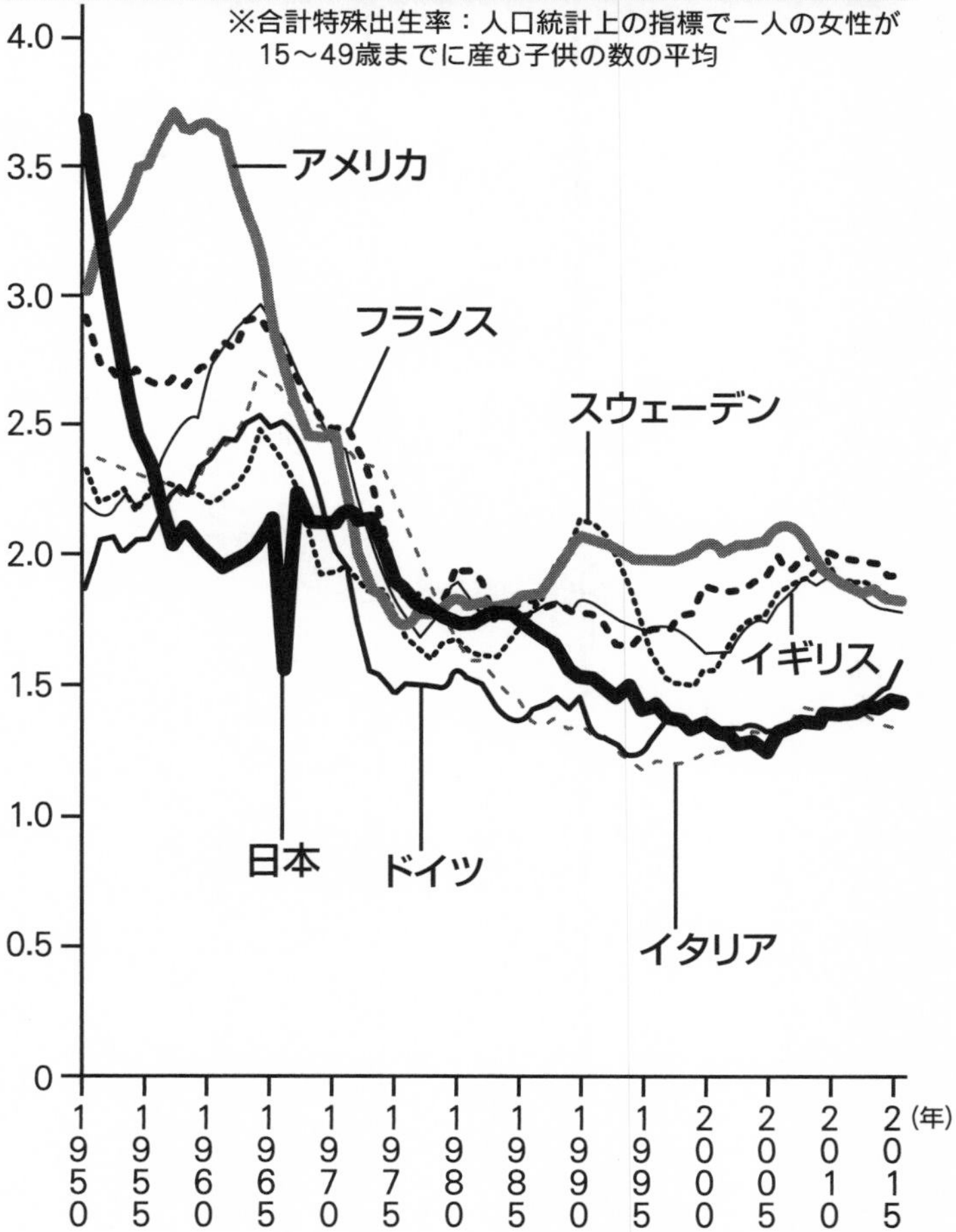

※合計特殊出生率：人口統計上の指標で一人の女性が
15～49歳までに産む子供の数の平均

内閣府のデータを基に作成

える現役世代は二〇一七年では二・二人まで減ってきており、今後もさらに減って行く。二〇四〇年に高齢者一人の支え手は、なんと一・五人になってしまうと推計されている。

経済予測などというのはあまり当てにならないものだが、人口推計だけは極めて確度が高い。だから、高齢者の年金を支える現役世代がこれからもどんどん細って行き、ほとんど肩車のようにして支えなければならない時代がくることは確実だ。

実は、社会保険制度はすでに破綻している

今から振り返れば、この田中角栄という宰相は、時代の流れの調子に乗って、トンデモナイ二つの選択をしてしまったと言える。一つは、共産党の中華人民共和国と国交を結び、中華民国（台湾）と断交したこと。これで決定的となった親中路線の下、わが国は四〇年にわたって三兆六五〇〇億円にのぼる政府開

発援助（ＯＤＡ）を拠出してきたが、それは結果としてなんらわが国に益するところはなく、ただ独裁国家・中国の世界覇権への野望に手を貸すことにしかならなかった。

そして、田中角栄のもう一つの大きな過ちが、年金をはじめとする今に通ずる社会保障制度を作ってしまったことだ。先にも述べたが、社会保障制度は国民全体を既得権者にしてしまう。それを制度として固定化してしまうわけだから、「これはまずい。制度はもつのか……」と気付いても、後戻りは政治的に至難だ。「この制度では年金は減るしかありません。ごめんなさい」とは、政治家は絶対に言えないし言わない。口をついて出てくる言葉は「一〇〇年安心ですよ」（それを攻撃する野党が政権を取れば、「今度こそ一〇〇年安心」と言うことだろう）。

しかし、これに関して間違いなく言えることは、そう言っている当の政治家本人は、一〇〇年後にはもうこの世にいないということだけだ。彼らは自分が責任を取ることはない一〇〇年後のお話を、無責任に口にしているだけなのだ。

人というものはどうしても目先のことにしか目が行かないものである。高度経済成長に浮かれていた日本人は、次に充実した福祉を求め始めた。政治はその要望に応えた。その時は良かった。しかし今、少子・高齢化によって、現役世代が高齢者を支える社会保障制度は破綻の危機に瀕している。いや実は、もうすでに破綻しているのだ。

読者の中には「今はまだ年金払えているんだから、『もうすでに破綻』は言いすぎでしょう」と思う方もいらっしゃるかもしれない。しかし私は明言する。「すでに破綻している」と。なぜそう言い切れるのか——それは、すでに現役世代だけでは支えられず、借金頼みになっているからだ。

先に、わが国の公的年金制度は現役世代の年金保険料が高齢者に給付される年金となる「賦課方式」であると述べた。実はこの一文に、もう一つカギになる言葉が潜んでいる。その言葉とは、「年金保険料」だ。わが国の公的年金制度は、保険料で運営される「保険制度」なのだ。

これは、民間保険会社の保険と変わらない。民間保険会社は、契約者から払い込まれた保険料を収入として、その範囲内で保険金を支払っている。万が一、それを超えて支払うようなことになれば、その保険会社は破綻する。当たり前のことだ。そのルールで言えば、わが国の公的年金制度は破綻している。もうすでに、現役世代の年金保険料だけではやって行けなくなっているからだ。

一〇一ページのグラフをご覧いただきたい。増大する給付に対応するために、保険料も上げて保険料収入も増えてはいるが、それだけではまったく足りない。しかも、その足りない額はどんどん膨らんで行っている（余談だが、こういうグラフを「ワニの口」と呼ぶ。二九ページには、「税収と歳出の差」のグラフの「ワニの口」を載せている）。それを埋めるのは、財務省の資料によれば「公費」。公費とは本来は税金のはずだが、社会保障財源であるはずの消費税の税率がなかなか上げられなかったのは、読者の皆さんもご存じの通りだ。

このグラフでいうと、左端の一九九〇年度（平成二年度）の消費税率は三％。そこから五％に引き上げられたのは一九九七年度（平成九年度）。その五％が一七年も続き、八％に引き上げられたのは二〇一四年度（平成二六年度）。そして一〇％に引き上げられたのは、言うまでもなく令和の御代に入った二〇一九年度だ。これでは、保険料収入で足りない分を穴埋めできるはずがない。

そのため、平成の時代は埋め合わせのため借金が増え続け、社会保障を要因とする借金は二〇〇八年度（平成二〇年度）には一〇兆円を超え、二〇一六年度（平成二八年度）には二〇兆円を超え、その後も一向に減る兆しはなく積み上げられているのである。

一〇兆円、二〇兆円という額もすごいが、ここで重要なのはこれが借金の総額ではなく、毎年この額が積み上がっているということである。そして積み上がって行く借金の総額をグラフ化したのが、一〇三ページのグラフである。

ここでも財務省資料の表現をそのまま使って「特例公債」としているが、わかりやすく言えば「赤字国債」だ。平成一〇年頃からグラフの下の部分、「赤字国債」が急増し始める。一方の「建設公債」は同時期からあまり変わっていない。すでに述べたが、二〇〇九年（平成二一年）の民主党のキャッチコピー「コンクリートから人へ」がいかに的外れのものであったか改めてよくわかる。

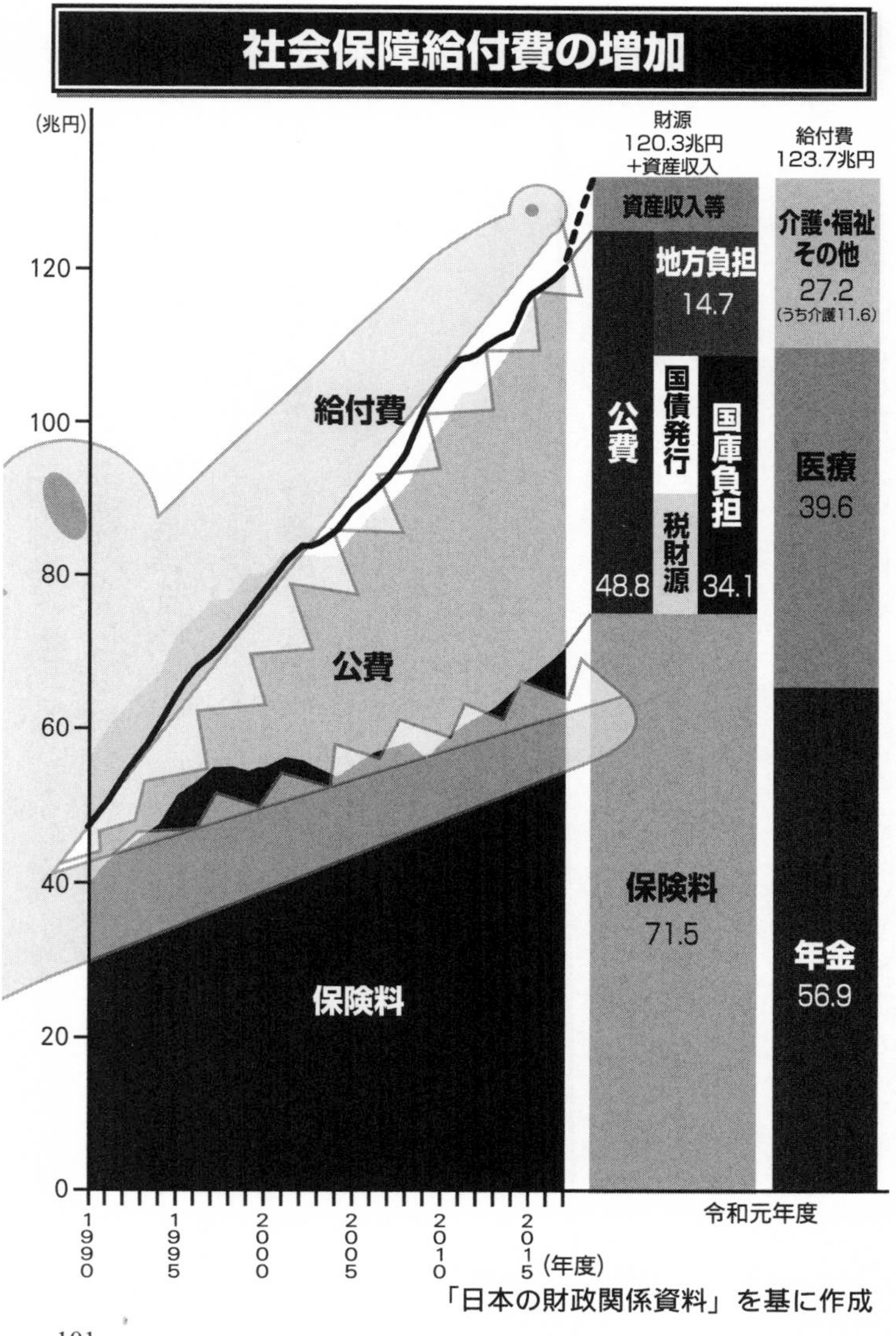

「日本の財政関係資料」を基に作成

ちなみに建設国債（公債）の意味は説明するまでもないであろうが、文字通り建設のための借金、道路・港湾・ダム・堤防などを造るための借金である。一方の赤字国債は何のための借金かというと、国が日常生活を送るための借金だ。国の日常生活とは、国民生活を守り豊かにするためのいろいろな施策だ。その日常生活が収入（税金）の範囲ではまったく収まらなくなっている。その圧倒的な主因こそ、年金をはじめとした社会保障費なのである。

「年金昔ばなし」で考えてみよう

ここで、「そもそも年金問題とは基本的にどういうことなのか」を昔話で考えてみよう。

＊　＊　＊

――国による年金制度がなかった昔々、ある村に昭太郎おじいさんと和子おばあさんが住んでいました。おじいさん・おばあさんは、歳をとってもう働け

国債残高の累増

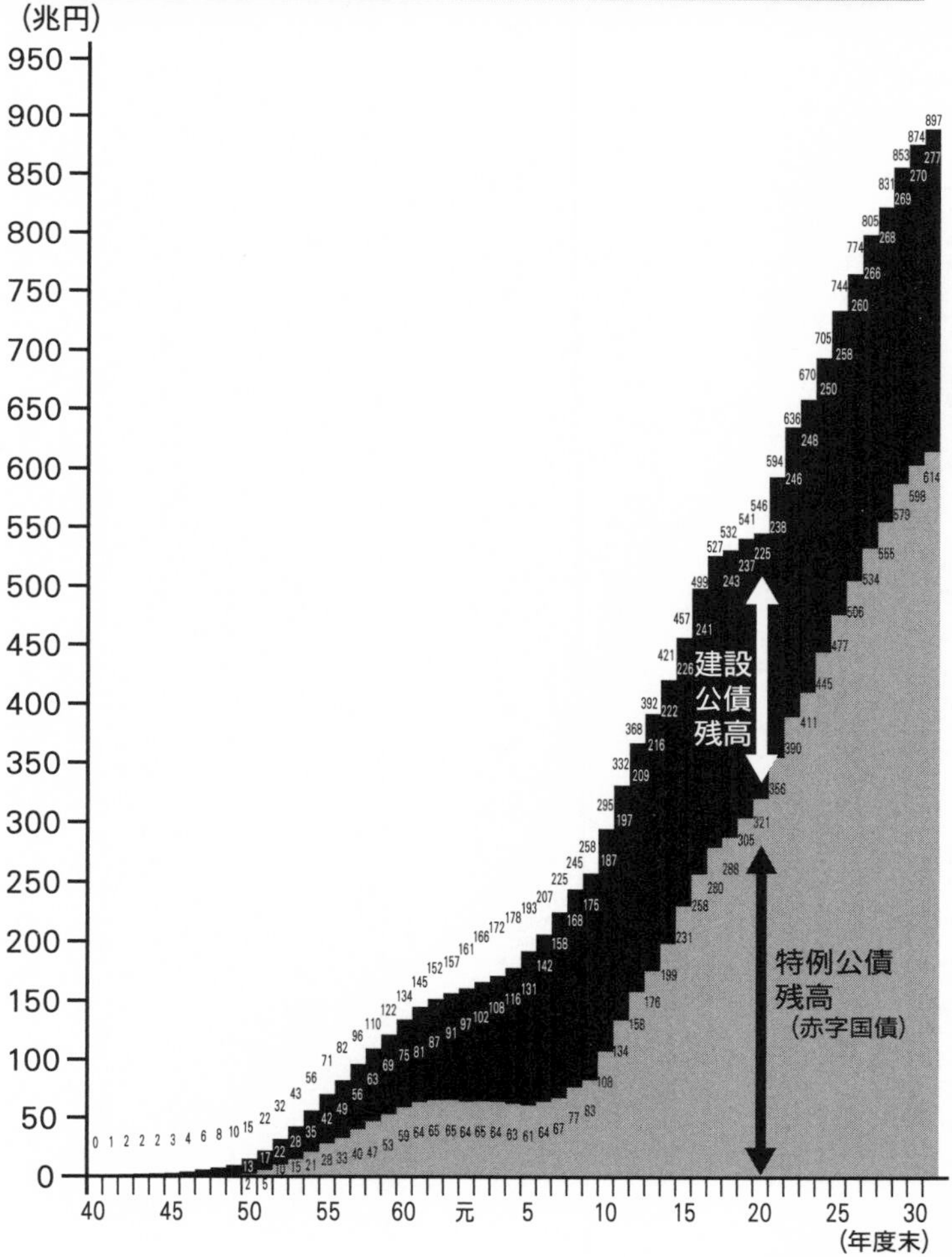

出所：財務省

ません。でも、昭太郎おじいさん・和子おばあさんには子供が一人もいましたから、子供たちはそれぞれの月収二五万円の中から二万円ずつ合計二二万円出しておじいさん・おばあさんの生活を支えました。

隣村には、平太郎おじいさんと成子おばあさんが住んでいました。平太郎おじいさんと成子おばあさんには、子供が一人しかいませんでした。子供の名前は令和君《れいかず》。月収は昭太郎おじいさん・和子おばあさんの子供たちと同じく二五万円でした。令和君も月収の中から両親にお金を渡します。月二万円……いえいえ、それではおじいさん・おばあさんは餓死してしまいます。では、月五万円。いえいえ、それでも生活できません。おじいさん・おばあさんは令和君に言いました。「なんでも、生命保険文化センターとやらが言う話では、夫婦二人で老後必要と考えられる最低日常生活費は、月額平均二二万円じゃそうじゃ。だから、令和《れいかず》には悪いが月二二万円もらえんかのう」。「えっ、月二二万円！そんなに渡したら、残るのはたった三万円。僕が生活できないよ」。

令和君はやむなく、生活のために毎月一〇万円、二〇万円と、借金をして行くことになりました。やがて借金はどんどん積み上がって、大きな大きな山のようになりました。めでたし、めでたし……。

＊　＊　＊

この物語は、もちろん昭和の時代、平成の時代、そしてこれからの令和の時代の年金制度をわかりやすくご説明するためのものだ。令和君が両親のためにどんどん積み重ねて行く借金は、いくらでも積み重ねて行けるものだろうか。そんなことがあろうはずがない。なんとかして返さなくてはいけない。そのために一番よいのは、令和君の収入が上がることだ。令和君は収入増を夢見る……これ、何かにそっくりではないだろうか。そう、「経済成長」を夢見る今の日本政府と、である。経済成長すれば借金は返せる。しかし、本章冒頭で見たように、そんな話は「夢物語」だ。だから借金膨張は止まらない。

さて、平太郎さんご夫婦の一人息子、令和君が親を養うために積み重ねている借金は、必ず返さなくてはいけないものであることは間違いない。では、国が制度としてやっている年金のために積み重なった借金はどうか？　国だったらOKか?――普通に考えていただきたい。国の年金制度と言っても、この年金昔ばなしと基本構図はまったく同じなのだ。国に飛ばせばいくらでも借金できる――そんなうまい話があるはずがないのである（後述するが、そんな「うまい話」があるとささやく悪魔の声が、一部ではびこっている。困ったものだ）。

もしそれで万事解決するのであれば、この国では債務の問題はすべて解決できることになる。よく北海道の夕張市など地方自治体の財政が厳しいと言われるが、これなども国に飛ばしてしまえばよいということになる。

「ちゃんと年金、もらえるんだろうか……?」。多くの国民がこういう不安を持っている。しかし、あえて言えば国民にそういう風に思わせてしまうところに年金を国の制度にしてしまったことの大きな問題が潜んでいるのである。

つまり、先の年金昔ばなしであれば、おじいさんもおばあさんも子供（たち）も、自らの実感として年金問題を考えることができる。昭太郎さんご夫婦は「たくさんの子供たちに恵まれて、お陰で老後の生活も安泰だのぅ」と実感しているだろうし、平太郎さんご夫婦は「もっと子供を作っていればなあ」と悔いたり、あるいは「令和一人《れいかず》に私たちの老後の負担をかけてしまっては悪いから、今のうちに資産を貯えて老後に備えておこう」などと現役の頃から資産運用に努めたかもしれない。

しかし、この年金問題が制度として国に飛ばされてしまうと、誰もがこういう実感を失ってしまう。そして、「年金は国が支払ってくれるもの」と思い込んでしまう。そして、「二〇〇〇万円も足りないって、どういうことだ!」と怒りと不安を募らせたりもする。しかし、国が支払うと言っても総理大臣である安倍さんの財布からお金が出るわけではない。実際は、子供たちが支払うのである。その子供たちがいないのだから（昭太郎さんご家族ではなく、平太郎さんご家族状態）、払えないものは払えない。当然の帰結である。

MMTという悪魔のささやきが「ハイパーインフレ」を招く

しかし、都合のよい小理屈をこねる人もいる。「自国通貨を発行できる政府

（中央政府＋中央銀行）の自国通貨建ての国債は、デフォルト（債務不履行＝借金が返せなくなること）しない。だから、政府はいくらでも好きなだけ財政支出をすることができる」――こんな説が、二〇一九年当たりからまことしやかにささやかれている。「現代貨幣理論」略称「ＭＭＴ」というやつだ。

元々はアメリカの民主党左派がブームの火付け役となったのだが、日本に飛び火してくると、マルクス経済学者やれいわ新選組の山本太郎氏から自民党の保守系国会議員までが飛びついた。左右を問わず、政治の世界では重宝がられる理論だ。なぜなら、いくらでも財政支出ができるというのだから。しかし、もう一度、普通に考えてみよう。

私は近著『世界同時破産！』（第二海援隊刊）の中で、コロナ禍対策としても全国民一律一〇万円給付金について、このように書いた。

国が給付する一律一〇万円、総額一二・八兆円の給付金。国と言ったって、安倍さんの財布から出すわけではない。本来は税金からのはずだが、ないから国が借金して配る。その借金のお金は日銀が出す。つまり、日銀が国民一人当たり一〇万円配っているのと同じなのだ。日銀ならいくらでもお金を刷れる。いくらでも出せる。だったら何も一〇万円とケチることなく、一〇〇万円配ったっていい。いや、一億円配ったっていい。そうしたら、日本国民、皆億万長者だ！　ここまでくると、もうお気付きであろう。こんなことをやったら、お金の価値が薄まる、円の価値がなくなるだけだ。本当に経済が活性化するわけでもないし、国民が豊かになるわけでもない。

確かに、日銀を使って国民にお金を配ることはできる。しかしその意味はつまるところ「お金の価値が薄まる、円の価値がなくなるだけ」だ。お金の価値、円の価値が薄まるとはどういうことか——インフレである。

今後、ますます給付される年金は現役世代からの年金保険料ではなく借金、つまり日銀がお金を刷って配ることになるのは間違いない。それはつまり、お金の価値がどんどん薄まること、意味のないインフレを促進することにほかならない。さらに、今の年金制度は先に述べたように物価スライドになっているから、インフレになれば給付される年金額も増える。すると、そのためにさらに日銀はお金を刷って配る。さらにインフレが進む……。一旦こうなってしまうと、もう坂道でブレーキが壊れた車のようなものだ。インフレは加速度的に高進し、「まさか」と思われていたハイパーインフレがその姿を現すだろう。

第一章、第二章で見たように、これは単なる懸念ではないし、また私だけが唱えている極端な説でもない。少なからぬ識者がハイパーインフレを危惧している。たとえば、読者の皆さんもご存じであろう藤巻健史氏。モルガン銀行東京支店の元支店長で参議院議員（日本維新の会）を務めた経験も持つ藤巻氏は、はっきりとこのように述べる。「新型コロナウイルスの影響で日本のハイパーインフレの危機はさらに増したと言えるでしょう。ハイパーインフレになれば円の価値が暴落し、みなさんの貯金は紙クズになってしまいます」（『女性自身』二〇二〇年四月二九日付）。金融市場を知る人物ではほかにもＵＢＳウェルス・

マネジメントの日本地域最高投資責任者（ＣＩＯ）の青木大樹氏。青木氏はＵＢＳ証券の出身でマーケットに通じているのみならず、内閣府で政策企画・経済調査に携わり骨太の方針の策定や経済財政の見通し・影響・分析などを担当したこともある人物だ。その青木氏もこう述べている。「財政赤字の拡大が各国政府の信用を揺るがし、通貨価値の毀損という形で過度のインフレを引き起こすリスクが意識される」（日経ヴェリタス二〇二〇年八月九日付）。

金融市場に通じている識者は、マネーの動きを肌で実感しているから単に理屈だけこねくり回す学者とはやはり違う。

今日のわが国の政治は、完全に国民のウケ狙いの大衆迎合主義に堕している。だから、「給付増やしますよ。補償しっかりやりますよ。負担は増やしませんよ」と、右左を問わずこういうことしか言わない。「じゃあ、その財源はどうするの？」という当たり前の問いには、ＭＭＴなる便利な理屈が後ろ盾になってくれる。しかし小理屈が通じるのは政治の世界だけで、マーケットはごく当たり前の反応を起こすだろう。ごく当たり前の反応とは、そうインフレ。それも、経済成長を伴わない悪性のハイパーインフレである。

「ハイパーインフレ」「財産税」「所得税の累進強化」の合わせ技

こうして、年金を払うために日銀がどんどんお金を刷って配る。それでは、ハイパーインフレを招くではないか――このように真っ当に懸念する識者もいる。しかし繰り返しになるが、本来は社会保障財源であるはずの消費税は、全国民を対象とする大衆課税であるから、この税率を上げる政策を主張することは票を減らすこと、つまり議席を減らすことになる。だから、どの政党も口にできない。そこで出てくる考え方は、「取りやすいところから取る」だ。

全国民を対象とする大衆課税は、ウケが悪い。しかし、一部のお金持ちから取る「財産税」なら大衆のウケはよい。票につながる……。今の政治家の考えそうなことだ。

そして、その懸念もまた一部の識者の間では指摘されるようになってきた。

二〇二〇年六月二四日付日本経済新聞電子版に、日経新聞の編集委員である前田昌孝氏が、このような記事を寄稿している。「財産税は回避できるか　確率ほぼゼロでも備えを」。前田氏はこの記事の冒頭で、巨額のコロナ禍対策による財政破綻を心配する声が増えていることについて述べた上で、「多額の資金を持つのは富裕層だから、財政の穴埋めを富裕層に求めるのが論理的な帰結だ」と明言する。そして、続けてこうも明言する——「やはり強制措置を念頭に置く必要がある」。

そう、日経新聞編集委員の前田昌孝氏は、敗戦直後の一九四六年に行なわれた預金封鎖・財産税のような強制措置も頭に入れておかねばいけないと警告するのだ。前田氏は続けて、財産税率と税収の試算を行なっている。財産税は金融資産だけに課すこととし、税率は資産三〇〇〇万円まではゼロ、その後五〇〇〇万円まで三〇%、その後一億円まで六〇%、一億円以上は九〇%にすると、三〇〇兆円程度の税収が見込めるという。

しかし、前田氏はそれに続けてこのように言う。「三〇〇〇万円以上の金融資産を持つ一一六九万世帯（全体の二一・八％）にかなり強烈に財産税をかけ、なかでも一億円以上を持つ一二六万世帯（同二・四％）からは一億円を超える分の九〇％を没収しても日本の純政府債務の三分の一程度しか穴埋めできないのだ。日本の財政赤字は『帰らざる河』を渡ってしまっている」（同前）。

その通りである。万が一、ここまで富裕層から収奪する財産税を課したとしても一回こっきりで、ある意味「たかが」三〇〇兆円の税収にしかならない。一〇〇〇兆円を超え、さらに増え続けるわが国の膨大な借金の前では「焼け石に水」なのである。

持てる者から取る、もう一つのやり方が所得税の累進税率をきつくするというものだ。厚生労働省の「二〇一九年国民生活基礎調査」によれば、世帯の所得が一五〇〇万円を超える所得の世帯は、全世帯の中の三・三％にすぎない。一二〇〇万円超でも七・一％だ。ということは、そういう高額所得者への課税をきつくしても失う票は少ない。いやむしろ、圧倒的多数の国民のウケはよいだろう。

実際、弊社社員は安倍政権に近いシンクタンクの研究部長との議論の中で、「消費増税はダメだ。昭和の時代のように所得税の累進をきつくすればよい」という意見を浴びせられて驚いたという。確かに、昭和の時代は累進がきつく、たとえば昭和六二年分の所得税の税率は一〇・五％から六〇％までの一二段階で、それに加え住民税（六三年度）の最高税率は一六％であったから、住民税と合わせた最高税率は七六％にも達していた。平成の時代は基本それを緩和してきた時代であり、現在所得税の最高税率は四五％、住民税は累進はなく一律一〇％、合わせた最高税率は五五％である。再び累進をきつくする——これを保守系シンクタンクで聞かされたのだから、弊社社員が驚いたのも無理はない。もう、財政や社会保障に関しては、右も左もない時代なのである。

ところが、である。この所得税の累進をきつくするという案に関しては、おもしろいことにリベラル派の財政学者からの反論がある。井手英策慶應義塾大学経済学部教授だ。井手氏が説く社会は、高福祉高負担の北欧的な社会民主主義に近いものだ。だから井手氏は、消費増税を主張する。

そして井手氏は、財源について明解に説明する。消費税を一%上げると二・八兆円の税収増となる。一方、これを高額所得者への金持ち増税でやろうとしたらどうなるか。年収約一二〇〇万円以上の人たちの所得税を一%上げても一四〇〇億円にしかならない。消費税一%分の税収の二〇分の一にしかならないのだ。井手氏は、目指す高福祉高負担社会実現のためには一一%の消費増税が必要（筆者注：これは八%当時の話なので、現在は消費税率一九%が必要）と説くが、そのための税金を高額所得者から取ろうとしたら、二二〇%も所得税を上げなくてはいけない。こんなこと、できるはずがない、と。

ちなみに井手氏は、山本太郎氏のようなMMT論者に手厳しい。「財源論から目を背けるのだけは無責任だと思います」（MMTに）「安易に飛びついて、バラマキを正当化しようとする人たちの哲学は問いたい」「ビジョンがまったく見えない」「これは理論的な正誤の問題じゃない。哲学の欠落の問題です」（井手英策著『いまこそ税と社会保障の話をしよう』東洋経済新報社刊）。

これについては、私もまったく同感である。しかしその一方で、右も左も消費増税には踏み込めない。それどころか、減税やさらには廃止なんてことまで言いだしてウケを取ろうとする。繰り返すが、これがこの国の政治の現状である。この現実を踏まえれば、この国の借金がどう解決されるかが見えてくる。

まず第一は、このまま日銀が刷って配り続ける。先に述べたように、それは「インフレ」、さらには「ハイパーインフレ」への道であるが、とりあえずこれが一番簡単だ。

次に「財産税」。これは持てる者から取るのだから、政治的にはやりやすい。しかし、一億円超の金融資産の九〇％を国が取るというような苛酷な財産税を課しても三〇〇兆円にしかならず、しかもこれは継続性がない。一回こっきりだ。年金など社会保障のためのお金は、継続して払い続けて行かなくてはいけない。そのためには、財産税のような一回こっきりの税だけでなく、継続的な税も必要だ。

そこで、不人気の消費増税に代わって取り上げられやすいのが高額所得者を狙った「所得税の累進課税」だ。しかし、すでに見た通りそれだけでこの国の借金に立ち向かうのは、あまりにも力不足。桁違いに少ないのだ。ただし、いかに現実的にはあまり意味がなくても、政治的にはこれは意味を持つ。金持ち叩き――これはウケがよい。高額所得の方は苛酷な累進課税のターゲットになると、覚悟しておくべきだろう。

さて、こうして見てくると、「ハイパーインフレ」「財産税」「所得税の累進課税強化」――この合わせ技となる可能性が高いであろう。後者の二つに関しては、先の試算程度ではまったく「焼け石に水」なのだから、もっときつい超累進課税が課せられるかもしれない。

こうして見てくると、本章のタイトルのように「年金と預金が消える」――これは、論理的帰結と言ってよい。日経新聞編集委員の前田昌孝氏はこのように述べる――「(財産税の)可能性は小さくとも備えは肝要だ」(日本経済新聞二〇二〇年六月二四日付)。読者の皆さん、特に資産家の皆さんは、備えを怠らぬようにしていただきたい。

第四章　資産を守るための基礎知識

国家破産は国民破産

日本が国家破産を経験したのは、今から七〇年以上前の第二次世界大戦直後のことだ。当時は、すでに進行していたハイパーインフレを抑えるため、預貯金が封鎖された。その間、収まるところを知らないハイパーインフレによって、資産はどんどん目減りして行った。それまで使われていた紙幣には期日が設定され、それ以降は使えなくなり新紙幣へと切り換えられた。

そして極めつけは、財産税の徴収である。被害は国民だけではなく企業にもおよんだ。軍需を賄っていた企業は、国に対して多額の戦時請求権を持っていたが、それに一〇〇%の税金がかけられ実際には踏み倒された。

このような一連の悲惨な現象を、「国家破産」と呼んでいる。

ただ、ここでちょっと立ち止まって考えてみてほしい。国家破産によって、一体誰が苦しんだのだろうか。実は、国家破産をして困るのは国家ではない。

国家にお金を貸している、国民や企業が困るのだ。つまり、国家破産とは「国民破産」のことで、ほとんどの国民の資産が脅かされる事態を国家破産と呼ぶのである。このことを、しっかり理解していただきたい。

今更ではあるが、国家破産という言葉に明確な定義はない。だから、それに対して多くの人が様々な解釈をし、議論をしている。その中には、「日本は財政に行き詰まれば日銀がお札を刷ればよいだけで、国家破産は起こりようがない」と強引な論法を繰り広げる輩もいる。

国家破産は国家による債務不履行（デフォルト）と狭義の意味で捉えると、その論法は正しい。しかし、それでは言葉遊びの域を出ず、実態からかけ離れることになる。なぜなら、その論法で行くと預金封鎖や財産税の徴収が行なわれた第二次世界大戦直後の日本では国家がデフォルトしておらず、国家破産も起きていないことになるのだ。これでは明らかにおかしい。

だから、改めて確認しておくと、国家破産とは国民破産のことで国家が財政上行き詰まることによって、ほとんどの国民の資産が脅かされる事態のことを言うのだ。

今も昔も世界中で国家破産は起き続けている

日本は第二次世界大戦直後に国家破産を経験したわけだが、それから七〇年以上経った今、再び国家破産の危機が迫っている。気が遠くなるような壮大なスケールでの話だから、どうすればよいのか、どこから手を付けるべきかと大いに困惑している方も多いだろう。

そういった方のためにズバリ申し上げると、まず取りかかるべきことは「情報収集」である。国家破産によって具体的に何が起きたのか、どのような点で国民は苦労したのかを事細かに調べあげるのだ。それが、資産を守るための基礎知識となる。

国家破産とは、地震や火山噴火などのように突然に起きるものではない。国の財政が段々厳しくなって行き、「もう無理だ」となるのが国家破産で、しかも天災ではなく明らかな人災である。本来、人災であれば防ぎようがあるはずなのだが、このあたりが人の愚かなところだろう。平気で同じ轍を踏んでしまう。

そして、この部分に対処のヒントが隠れている。それは、人が行なうことであれば前例があって、それを踏襲することがほとんどであるということだ。だから、戦後の国家破産についてなるべく詳細に情報収集をしたいわけだが、問題は時間が経ちすぎているということである。これだけの年数が経っていると、実際にそれを経験し鮮明に記憶されている人が少なくなっている。幸い、当時の新聞や文献などがあるので概要は知ることができるが、具体的にどのようなことが起きたのかを検証するには事例が足りない。また、当時と今とではあまりにも時代が違いすぎ、その部分をどのように埋めるのかという問題もある。

ただ、実はこの解決法は容易に見つかる。世界を見渡せば、日本の戦後の国家破産以外にも様々な国や地域で国家破産は起きているのである。日本と同じく古いものであれば、第一次世界大戦後のドイツの国家破産が挙げられるし、そこから近年に移れば一九九〇年代～二〇〇〇年にかけてはロシアやアルゼンチン、トルコ、比較的近年ではギリシャ、キプロスといった様々な国が国家破産をしている。そして、レバノンのようにまさに国家破産が発生したばかりで現在進行中、という国も存在する。

国家破産というのは、確かに国が異常な状態に陥るわけだが、これだけ複数の国で発生しているように決して珍しい話ではないのだ。だから事例は多数あるわけで、これからいくつかの国の国家破産について詳細を見ておこう。

前例があることは、そこで起こったことは今後も起こり得るということだから、世界の国家破産の歴史を振り返りながらそこから資産を守る基礎知識を身に付けたい。

ドイツ——戦費調達と賠償金のためにお札を大量発行

まず取り上げるのは、ドイツの国家破産である。ドイツは第一次世界大戦後にハイパーインフレという形で国家破産を迎えたわけだが、これを決定付けたのは敗戦国としてとても支払うことができないほど多額の賠償金を求められたことにある。〝二度とドイツが立ち上がれないようにしてやろう〟という、フランスの思惑が働いた結果だ。

ただ、あまり知られていないが、すでにその前からドイツではインフレが徐々に進行していた。第一次世界大戦は、一九一四年六月二八日のサラエボ事件をきっかけとして始まっている。サラエボに視察に訪れていたオーストリア＝ハンガリー帝国の皇太子夫妻がセルビア人の民族主義者に暗殺されたのである。怒ったオーストリア＝ハンガリー帝国はセルビア王国に宣戦布告、それによって周りの同盟国が一斉に参加し、第一次世界大戦が始まったのだ。

ドイツはオーストリア＝ハンガリー帝国側で戦ったわけだが、その大戦が始まった一九一四年の段階で、すでにドイツにおいてインフレが進行し始めていた。原因は、戦費調達をライヒスバンク（当時のドイツの中央銀行）による紙幣の増発で対応したことにある。開戦から一九一六年までは課税ではなく借金による戦費調達で対処しており、そのため紙幣を刷る輪転機を回し続けたのだ。

その後も紙幣の増発による戦費調達は継続され、結果一九一四～一八年の間、国際相場におけるドイツの通貨マルクの価値は半分になっている。

はじめ、このインフレは心地が良いと感じられていた。通貨価値が値下がりしたことで、輸出企業が潤った。経済が活性化し、企業倒産は減少、失業率も低くなった。インフレ対策として株式にも注目が集まった。そして国民も、ドルの価値が上がり物価が上がっただけということで、驚くべきことにほとんどの人は通貨の下落を感じていなかったのだ。

そして、大戦も後半になると情報統制が行なわれ、通貨価値がどのようになっているのかなど、国民が知るすべがほとんどなくなった。ドイツ国内の株式市場はすべて閉鎖され、為替相場も公表されなくなった。インフレによる物価上昇はひどくなったのだが、それが戦時中の一時的な異常事態からなのか、それとも別の経済的な大きな問題からなのか、国民には判断できなかった。

そして、それが明らかになったのは敗戦後のことである。情報統制がなくなると同時に、国民は茫然とすることになった。誰の目から見ても経済が壊滅的な状況であることが判明したのだ。為替はさらに値下がりし、トドメを刺したのは戦後の賠償金を決めたヴェルサイユ条約である。

ドイツがヴェルサイユ条約をしぶしぶ承諾した一九一九年六月までに、戦前から見てすでに為替は三分の一ほどにまで価値を下げていた。さらにそこからマルクは下げ続け、数年間かけて三分の一になった為替は、今度は一九一九年末までのわずか数ヵ月の間にさらに三分の一になり、戦前から見ると一〇分の一にまで価値を下げたのである。

ヴェルサイユ条約によって、とうてい支払うことが困難な金額の賠償金が求められたわけだが、ドイツはこの局面を乗り切るために「財政ファイナンス」を行なった。大量の国債を発行して、ライヒスバンクに買い取らせたのである。現代において財政ファイナンスは禁じ手となっているが、当時はどの国も疑問を持たずに行なっていたのだ。実は財政ファイナンスが禁じ手になったのは、その後のドイツの悲惨な状況を目の当たりにしたためである。

いずれにしても、中央銀行が直接国債を引き受けて膨大な量の紙幣を刷りまくったのだから、手の付けようもないインフレが発生した。一九一九年以降一九二三年まで、インフレは年々ひどくなったのである。しかし一方で、大多数の国民は「次の年にはマシになるはず」と根拠のない希望的観測を持ち続けた。

その間、信用されなくなった通貨が向かった先は、外貨や株式だった。株式市場では逃避資金による値上がりが生じ、その値上がりによってまた株式に資金が集まるといった循環が形成され、株式は一種のバブル的な様相を見せた。そしてこの構造に気付いた一部の人たちは、それに乗じて莫大な資産を形成したのである。

街中では暴徒と化した国民が警官と衝突したりする中、他方ではインフレで上手く儲けた人のために新しいナイトクラブが次々にオープンしたという。インフレによって財産を失ったほとんどの国民と、それに乗じて資産を形成したごく少数の国民の間には、雲泥の差が生じることになった。そして、外貨を持っていた人も、そのごく一部の勝ち組の一員であった。

すでに一九二一年の段階で外貨は強くなっており、当時、ドイツで一米ドルあればビールなら八〇杯、ドイツの都市ケール随一の高級ホテルのフルコースなら五人前を食べることができた。それが、インフレのピークの一九二三年にかけてますます外貨の価値が高まった。一九二三年の前半には、一米ドルあれば大人七人が夜のベルリンに繰り出し、たらふく食べナイトクラブをはしごして朝まで遊ぶことができ、それでも使い切れないぐらいだったという。また極めつけは、外国人留学生がお小遣いでひと並びの家々を買い占めることができるほどだったそうだ。

よくインフレについて、物価高と説明されることが多いが、その裏には当然通貨安という言葉が隠れている。ところが当時のドイツ国民は、物価が上昇した、米ドルが値上がりした、という片方の側面だけを見て、マルクが大幅に下落しているという側面を見ようとしなかった。

これはかなり致命的な間違いであったと同時に、私たちに重要な教訓を示してくれている。それは、逆から見た時、自国通貨の信用がなくなり通貨が安くなれば、インフレは起きるということだ。だから、物が溢れている現代においても、自国通貨の価値が下がればインフレは起こり得るのである。

実際に当時のドイツでは、インフレによる食糧不足で飢餓が発生するという問題が起きていたにも関わらず、農家の納屋には売られていない食糧が山積みにされていたという。本当にインフレがひどい時には、一日の中で価格が倍になったりしたそうだから、物を売り惜しみする気持ちが働くのも理解できる。ただ、物はあるわけで、物々交換や外貨での購入はできたのである。

ドイツのマルクは、一九二三年末に大戦前と比較すると一兆分の一まで価値を落とした。インフレにより、物価が一兆倍になったということである。紙幣は紙クズ同然となり、経済は完全に壊れてしまったわけだ。

そのような中、当然ながらほとんどの国民は死ぬ目に遭ったわけだが、ごく一部の人は信じられないぐらいにリッチになったのである。

ドイツの国家破産時の勝ち組

① インフレを
上手く活用して
資産を築いた人

② 外貨を
保有していた人

上記、どちらにしても
異常なインフレ、
大幅な通貨安の状態を
正確に見定め
行動した人

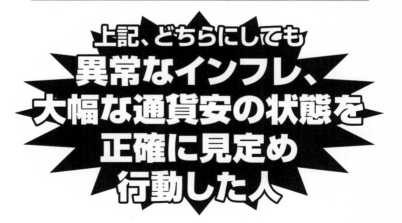

ハンガリー——ギネスブックに登録、史上最高額の紙幣

インフレによってドイツでは、物価が一兆倍になったわけだが、その加速する物価上昇に準じて次々に高額紙幣の発行を行なっている。その時に発行されたドイツで一番の高額紙幣は一〇〇兆マルクで、一の後ろにゼロが一四個も付く。歴史の教科書でハイパーインフレというと、第一次世界大戦後のドイツが取り上げられ、買い物をするために札束を積んだリヤカーや札束をおもちゃ代わりに積み上げて遊ぶ子供の写真などが掲載されていた。そのため、インフレが一番問題になった国はドイツかと思ったが、実はさらにひどいインフレに陥った国がある。それは、ハンガリーだ。

第一次世界大戦でハンガリーはドイツと一緒になって戦い、同じく敗戦国となった影響から極端なインフレに陥った。ただその時は、ドイツよりもまだマシな状況であった。ひどい状況に陥ったのは、その後に起きた第二次世界大戦

子供たちが紙クズと化した本物の札束を積み木代わりにして遊んでいた（積み木を買うよりも札束の方が安かった）。戦前のドイツでは、このような常識では考えられないようなことが山ほど起こっていた。
（写真提供：（C）akg/PPS）

後である。再び敗戦国となったハンガリーは、またもやこれまで以上の極度のインフレに襲われた。一九四五年九月～一九四六年七月の一年に満たない期間において、人類史上最高のインフレを経験したのである。

そして、その時に発行された紙幣に「一垓ペンゲー紙幣」というものがある。〝垓《がい》〟とは滅多にお目にかからない単位だ。数字は一、十、百、千、万と単位を上げて行き、万の次は億になる。そして億の後は兆でその次は京《けい》、そしてようやくここで〝垓〟が登場するのだ。だから一垓ペンゲー紙幣とは、一の後ろに〇が二〇個並ぶことになる。二〇一九年一二月に発表された世界の総債務は二五〇兆ドルで、一ドル＝一〇八円で計算して二京七〇〇〇兆円規模である。もちろん、通貨単位や価値は異なるものの、数字だけで見るとこの一垓ペンゲー紙幣の方が上なのである。現代における世界の総債務よりも大きな単位の紙幣とは、頭がおかしいといわれるレベルである。

一垓ペンゲー紙幣は、実際に流通した紙幣だ。そして、それでも足りなくなることを予測して一〇垓ペンゲー紙幣というものまで作られた。ただ一〇垓ペンゲー紙幣は刷られたものの、流通することはなかった。この一〇垓ペンゲー紙幣が史上最高額の紙幣としてギネスブックに認定され、今もそれを超える高額紙幣は発行されていない。では、この一〇垓ペンゲー紙幣の価値は当時いかほどだったのかと言えば、たったの二米ドルほどである。このインフレを止めるために新しい紙幣「フォリント」を発行したのだが、その交換比率が一フォリントに対して一〇〇〇秭ペンゲーで、〝秭《じょ》〟とは垓の一つ上のクラスというからもはや理解不能である。

これだけのインフレが生じた原因は、やはり紙幣をバラ撒いたためである。戦後の賠償金の支払いなどで未曽有の経済危機を迎えていたハンガリーにおいて、その戦後の復興を見据えた経済対策に政府がお金を刷って国民にバラ撒いたのである。

お金があれば最低限の生活はできるだろうというわけだが、なんと短絡的な思考回路であろうか。結果、人類史上、記録に残るインフレが生じたのだ。ピークは一九四六年五〜七月で、その期間は一日で物価が二倍以上になるペースでインフレが進んだという。こうなると、どれだけ高額紙幣を発行してもそれは紙クズでしかなく、道端には紙幣が落ち葉のように散らばっており、それを清掃員が掃き集めて捨てていたそうだ。

今も昔もそうだが、政治家が行なう安易な政策にはくれぐれも注意する必要がある。

ロシア——国家破産（ハイパーインフレ）に弱い不動産と金《きん》⁉

次に紹介するのは、ロシアの国家破産である。実は、第一次世界大戦また第二次世界大戦の後は、ドイツやハンガリーに限らず多くの国家が破産をしている。あれだけの動乱があったのだからなんら不思議はないわけだが、日本やドイツ以外の国家破産についてはあまり歴史の教科書に取り上げられることもなく、知らない人も多い。

ロシアも、そのあまり知られていない国家破産をした国の一つである。第一次世界大戦中の一九一七年に二回も革命が起きたロシアでは、ドイツに匹敵するほどのハイパーインフレが生じた。そして一九一七年一一月の革命（ユリウス暦では一〇月二五日のため〝一〇月革命〟と呼ばれる）後、ロシア政府はそれまでのすべての債務のデフォルト宣言をしたのである。

ただ、今回取り上げるロシアの国家破産は、それよりもっと近代になった一九〇〇年代後半の話だ。ちょうどソビエト連邦（ソ連）が崩壊し、そこからロシアに国名が変わる、二〇世紀が終わろうとしていた頃のことである。この時、ソ連が崩壊した理由は、米ソ冷戦時代の軍拡競争にある。一九八〇年代には、軍拡競争によりソ連の国力はすでに相当疲弊していた。それを当時の米レーガン大統領は「あと一息」と分析し、どんどん軍拡競争をあおるようにしかけた。結果、ソ連は体制を維持できずに崩壊。もちろん財政的に行き詰まり、国家破産を迎えた。

ロシアの国家破産は、一九九一年から一九九八年まで八年の長きにわたってロシアを襲い続けた。この間、経済の浮き沈みはあるが、全体的にロシア暗黒の時代であったと言える。どの国の国家破産でもそうだが、起きてしまうと短期間で収束することはほとんどない。数年単位で続くことも珍しくなく、ロシアも一度落ち着いたかに見えてその後ぶり返し、第二波、第三波という形で波状攻撃的に国民生活に襲いかかったのだ。そしてその間、なんとか終結させようと劇薬ともいえる方法が多くとられ、その度に国民は苦しめられたのだ。

では、ロシアではどのようなことが起きたのか。私はその当時、何度か国家破産の取材でロシアを訪問しているので、その実体験を含めて解説して行こう。

まず、一九九一〜九三年にかけてのハイパーインフレと通貨ルーブル安である。ソ連時代は国家が経済を統制していたのだが、その割には考えられない物価の暴騰が国民の生活を苦しめた。

サンクトペテルブルグの国立総合大学の教授に取材したところ、一九九〇年は五・三%だったインフレ率が一九九一年に九二・六%、一九九二年には二〇五九%にまで悪化したという。インフレ率二〇五九%とは、物価が一年間で二〇倍になったということだ。とんでもない状況ではあるが、この数字はあくまで公式発表、つまり大本営発表のような数字で、実際のインフレははるかにひどかったという。その教授に生活の実感を尋ねたところ、一九九一年には五〇〇〇ルーブルで自動車が買えたが二年後の一九九三年には五〇〇〇ルーブルではチョコレート一枚しか買えなかったと言われ、本当に驚いた。この二年間で、少なくとも物価は一万倍に暴騰した計算になる。

当時、ロシアを何度か訪問し取材を行なったわけだが、それらの取材を総合すると、インフレのひどい時期には年率七〇〇〇％程度のインフレが約三年間続いている。これは物価が一年間で七〇倍になることで、それが三年続けば物価は三四万倍、ルーブルの価値は三四万分の一になったことを意味する。仮に、一億円の資産を持っていた人が、三年後にその資産を図り直してみると三〇〇円ほどにまで減っていた、ということだ。自国通貨のルーブルで全財産を持っていた一般のロシア人は、たまったものではない。

食糧をはじめ、あらゆる生活用品が極度に不足した。どの店にも商品はほとんどないが、それでも多くの人が行列した。実際、私がモスクワの空港で体験したことだが、国際空港にも関わらず電灯がほとんど点いていなくて非常に薄暗かったひどい状況であった。その空港のレストランに入って食事を注文すると、出されたのは薄っぺらいハムが一枚。しかも、腐りかけかと思うほど状態が悪く、食べる気をなくしたほどだった。

インフレで物価が極端に上昇したロシアにおいて、普通に考えると強そうな資産が実はそうではなかったことが判明した。それは、不動産と金《きん》（ゴールド）である。不動産は、まさにその字のごとく動かしづらい資産である。すぐに売れるものではなく、小分けにすることもできない。それでも日々の生活資金に困って売ろうとすると、足元を見られて安く買い叩かれたのだ。

そして、金《きん》に至っては取引すらできなかった。ニセ物が多く出回ったため、大混乱の時期には、金《きん》に対しての信用が著しく棄損したのである。

では、どのような資産が強かったのかと言えば、なんと「米ドルの現金」である。数年前まで仮想敵国としていたアメリカの通貨米ドルが、ロシアの国家破産の時にもっとも力を発揮したのである。不動産も、米ドルを持っていた人

ロシアの国家破産時の実例

強かった資産

米ドル紙幣

弱かった資産
（大混乱時には役に立たなかった資産）

不動産

金（ゴールド）

は驚くほど安く買うことができたのだ。なにせ、相手は叩き売りの状況なのである。そういった不動産を安く買って、混乱が落ち着いてきた時に適正な値段で売却し莫大な財産を作った人たちは、「ニューリッチ」と呼ばれた。

ロシアの国家破産は一九九八年まで続いたわけだが、その年を境にロシア経済は急回復を遂げている。その一九九八年に何があったのか。ロシア政府はその年、究極の荒療治を行なっているのだ。

まず一九九八年一月一日に行なわれたのは、デノミである。これまでのハイパーインフレの後始末として、通貨単位を一〇〇〇分の一にした。ところが、それだけでことは収まらなかった。前年の一九九七年に起きたアジア通貨危機の波が、ロシアにも押し寄せてきたのだ。一九九八年八月一三日に発生した株式、債券、通貨の大幅なトリプル安を経験し、その数日後の八月一七日デフォルト宣言をした。

それと同時に預金封鎖が行なわれ、ロシアの国内の銀行に預けられていた預金はすべてパーとなった。さらに信じられないことに、銀行の貸し金庫の財産までもが没収されてしまったという。一九九一年から起きたロシアにおける国家破産は、ほとんどの国民の財産を奪い尽くし、ようやく終焉を見たのである。

その後は、デノミとデフォルトにより財政が健全化したことに加え、原油や天然ガス、その他資源価格の高騰を受けて、ロシア経済は急回復に転じた。

キプロス――富裕層は預金を没収‼

国家破産の最終局面では、預金封鎖による財産没収が行なわれることがある。ハイパーインフレも怖いが、外貨などの資産を保有しインフレ対策を十分にしている方にとって恐れるべきことは、むしろこちらの方だろう。二〇年以上前のロシアでも預金封鎖による財産没収が行なわれ、国民の財産が国によって強奪されたわけだが、今から一〇年も経っていない比較的最近にこのような暴挙が行なわれた国がある――キプロスだ。

キプロスの国家破産は、ギリシャ危機から波及している。一連の出来事は

「欧州債務危機」と呼ばれるが、先に厳しくなったのはギリシャであった。そして、キプロスの銀行はギリシャ国債を大量に抱えていたため、その価値が下がったことにより危機に陥ったのだ。

キプロスは、「タックスヘイブン」と呼ばれる税金が低い地域で、そのためロシアの富裕層の資産がキプロスの銀行に預けられていた。その額は、キプロスのGDP比で四倍というから驚きの規模である。それがギリシャ国債で巨額の損失を出し、金融不安に陥ったことで国家破産に繋がった。ギリシャと同様にキプロスは、自国の通貨をユーロにしていたため通貨安によるインフレは免れた。ただ、銀行が負ったとてつもない規模の損失に対して国が救済できなかったことから、EUに助けを求めたのである。

キプロスは、自国の銀行が運用に失敗した救済をEUに求めたわけだから、EUは「なんと勝手な」と強硬な姿勢を見せた。交渉は難航し、EUから提示を受けた預金の課税に対し、当初キプロスはそれをそのまま受け入れず、課税率が一桁に収まる案をまとめた。もちろん、この頃にはすでに資金流出を避けるために預金は封鎖されている。ＥＵ側はこのキプロスの案を却下し、もっと重い負担を求めた。

ここから様々な議論がなされ右往左往しているが、着地点は富裕層にかなりの負担を強いる結果となった。キプロスには、キプロス銀行とライキ銀行の二大銀行があった。そのうち、規模の大きいキプロス銀行は残される選択がなされ、ライキ銀行は潰される処置が取られた。そして、どちらの銀行も一種の破綻処理がなされ、口座に対して一〇万ユーロ以下の預金は全額保護されたが、一〇万ユーロを超える部分は半分弱が戻ってこなかったのである。「預金カット」だ。

この頃、欧州債務危機でイタリアやスペインなど周辺国も軒並み苦しんでいたことから、キプロスの問題はなるべく穏便にすませようとされた。だから、預金に対する課税というインパクトを伴ったものではなく、あくまで銀行の破綻処理として進められることになった。ただ、キプロスを代表する銀行が破綻し預金がカットされたわけで、富裕層にとってはたまったものではない。預金封鎖後は、一日の出金額が三〇〇ユーロに制限されたが、預金カットという荒療治が行なわれた後もその処置は長期にわたって続いている。

国家破産が起きると、一部の上手く対応できた人だけが信じられないお金持ちになるが、ほとんどの国民は死ぬ目に遭う。そして、それはこれまで富裕層だった人でも同じである。

国家破産とは、このような非日常的なことが平気で起こるのである。日本でもペイオフの制度があり、一〇〇〇万円までの預金は保護され、それを超える預金は保護されない。日本ではこれまでペイオフが適応されて実際に預金がカットされた例はほぼないため安心しているかもしれないが、それはあくまで平時の話である。いざとなれば、日本でもどうなるかわからない。それが「国家破産」という非日常の恐ろしさである。

国家破産の常連国アルゼンチンと初の国家破産を体験中のレバノン

ここまでいくつかの国の例を見てきた。資産を守るための基礎知識という点からはすでに十分すぎる情報を披露し、いくつかの教訓を身に付けていただいたはずだが、もう二つほど、おまけで挙げておこう。

まずは、国家破産の常連国である。それはブラジルと並ぶ南米の大国、アルゼンチンだ。一八一七年にスペインから独立して建国されたアルゼンチンは、その一〇年後の一八二七年に一度目の国家破産が起きた。そこから幾度となく国家破産を繰り返している。年数で確認しておくと、二度目が一八九〇年、そして一九五一年、一九五六年、一九八二年、一九八九年、二〇〇一年、二〇一四年と続き、今年二〇二〇年五月に建国以来、なんと九度目の国家破産を経験している。

二〇二〇年五月は、債務の利払いを拒否したことでデフォルトとなったわけだが、それはテクニカルデフォルトとみなされた。テクニカルデフォルトとは、支払い能力があるにも関わらず払わないという行為で、一種の開き直りのように映る。九度目ともなると、国家破産も堂に入っているようだ。ほかの国も「またか」というくらいの認識で、アルゼンチンの国家破産による他国への深刻な悪影響は出ていないようだが、アルゼンチン国民の生活が国家破産のたびに苦しめられていることに変わりはない。

最後に取り上げる国・レバノンは、二〇二〇年三月に最初のデフォルトを宣言し、現在国家破産が進行中の国である。このレバノン、今回の国家破産の報道がされるほんの数ヵ月前までは、日産のカルロス・ゴーン氏の逃亡先として注目を浴びていた。二〇一九年の年末に流れた速報で、ゴーン氏の逃亡をほとんどの日本国民が知ることになった。

ゴーン氏が逃亡先に決めたレバノンとは、どれほど魅力的な国なのかと思われた方もいるかもしれないが、実はその時、すでにレバノンの経済は行き詰まった状態であった。ドルにペッグさせていたはずのレバノンポンドは、街の両替所ではレートが悪くなっていた。つまり、通貨価値の下落がすでに始まっていたのである。

ドルが不足し、ほとんどの銀行はドルの一週間の引き出し上限を二〇〇ドルと設定していた。そして、二〇二〇年三月のデフォルト宣言である。それまでも各地で暴動が起きていたが、それを境にさらに激しくなり、現在もその渦中にいる。ほとんど情報がなかった日本からすると、レバノンの国家破産は突然起きたことに見えたが、実際にはじわじわと国家破産の足音は近づいていたのである。

国家破産に備える上で、そのような足音をしっかりと聞き逃さないように、まずはアンテナを張りめぐらし、情報をきちんと捉えられるようにしておく必要がある。

基礎知識を踏まえて対策をたてよう！

国家破産は、国によって三者三様でその事象は異なるように見えるが、実は根本の部分では共通しているため、かなり似た事象が起こることが多い。この章ではいくつかの国の実例を見ながら事象を確認してきたから、基礎情報は身に付いたはずである。

繰り返すが、国家破産は人災である。そして、人が行なうことは今も昔も変わらない。前例があれば、それにならった形で進められるのである。それを心に刻んで、これからの対策を読み進めてほしい。いくつかの起こり得る事象を考えながら対策を読み進めるのとそうでないのとでは、まったく理解度が異なるだろう。

では、具体的に何をすれば助かるのか、次章ですべて披露することとしよう。

第五章　資産防衛のサバイバル戦略

かつては牛で、今は形がなくなりつつあるもの

産業革命によって世界が大きく転換した一八世紀後半、イギリスの経済学者で哲学者のアダム＝スミスは、かの有名な「国富論」を発表した。それまでの経済思想であった重商主義や重農主義を批判し、労働こそが価値を生み出す源泉であるとして、設備投資や資本の蓄積、市場における自由競争原理が労働生産性を高めるという「自由主義経済」の思想を展開した。

時代が絶対王政からの変貌を遂げる中、まったく新たな「資本主義経済」という考え方を打ち出し、人々の考え方に大きな変革をもたらしたという点で、極めて偉大な思想家と言えるだろう。

そのアダム＝スミスが、お金についてこんなことを述べている。「社会の粗野な諸時代には牛が商業の共通の媒介者であった」――つまり、大昔には物の価値や財産を表すのに牛が使われていたというのだ。現代の私たちには到底想像

がつかない話だが、古代ギリシャの吟遊詩人ホメロスが残した「イリアス」や「オデュッセイア」には、手仕事に長けた女奴隷を牛四頭分の価値があると評価しただとか、ペルシャ製の大きな瓶は牛一二頭に値するだとかという記述が残されているのだ。

ギリシャ文明の時代に限らず、世界中の至るところで牛は貴重な家畜であった。農耕において極めて有能な労働力となり、つがいで飼育すれば子を産み、肉も食用にでき、さらに採れたミルクは様々な食品に加工ができた。人類にとって極めて根源的な意味で「価値」をもたらす生き物だったということだ。

人類が長きにわたって価値あるものと考えてきたモノの筆頭としては、私たちはまず先に「金《きん》（ゴールド）」を思い浮かべるが、原初の時代においては残念ながら金《きん》それ自体に実用的な価値は見出しようがなかった。持っていても腹の足しにもならないし、ましてや畑を耕したり人間の労働を助けたりはしないからだ。むしろ、もっとも実用的な価値があった牛が、直感的に「価値」を表現するのに最適であったというわけだ。

しかしながら、やがて牛は「お金」として適切ではなくなって行った。文明や社会が発展するにつれて、人間の経済活動はより広範囲に、より複雑になって行ったためだ。たとえば、遠く離れた人たちと交易をするのに、牛を何百頭も引き連れて支払いをするわけにはいかないだろう。また、牛には頑強なものや脆弱なものといった個体差があり、子を産めないものや短命のものもいる。そうした特徴は、公平で安心な商取引を行なうには極めて不向きである。お金に求められる「可搬性」（持ち運びしやすさ）、「同質性」（どれも同じ品質）などの機能を満たしていない牛は、やがてお金ではなく本来の「牛」としてみなされるようになって行ったわけだ。

さて、私がこの逸話から何を話したかったのか、すぐにピンときた方はかなり鋭い着眼点を持っているといえるだろう。そう、お金とは時代によってその在り方が変わるということだ。

そして今、人類は再びお金の形の大変革を目の当たりにしている。ギリシャ時代には牛だったお金は、金《きん》や銀などの金属にその形を取って代わられ、さらに現代においては硬貨や紙幣という形をとっていたお金の実体すら「なくなりつつ」ある。

　その理由は、ＩＴ革命だ。一九四六年、米ペンシルバニア大学で人類初のコンピュータが作られた。「ＥＮＩＡＣ」と名付けられたそれは、真空管約一万九〇〇〇本を用い、重量三〇トン、四五〇平方メートルもの場所が必要な巨大な構造物だった。それまで膨大な時間を要した大砲の弾道計算が数秒で終了するというもので、当時としては画期的だった。

　それから時代は下り、この人類初のコンピュータの数百万倍以上もの性能を持つパソコンやスマートフォンなどを、私たちは日常的に使うまでになった。それだけではない。これらの機器は極めて高速・大容量のネットワークに接続でき、商取引から娯楽、コミュニケーションなど人類が活動する上で扱うあらゆる情報をやり取りできるようになったのだ。

　このＩＴ革命は、人間社会のありようをも完全に変えた。単に、これまでの単純頭脳労働がコンピュータに置き換わっただけではない。人々の暮らし方にすら大きな変革をもたらしたのである。

そして、それがもっとも顕著になったのは、皮肉にも「新型コロナウイルス」という人類の脅威によってであった。感染拡大抑止のため人々の移動が制限され、人間同士の接触も極力避けることが求められたが、ＩＴはそれでも人間が（制限付きながら）新たな日常生活を送り、消費・経済活動を行なうことができる環境を提供し得ることを示した。

もはや、人々は必要なものをインターネット（以下、ネット）で買い、支払いはすべてキャッシュレス決済で行ない、人とのやり取りもテレビ電話を介し、多くの仕事が自宅で行なえるようになっている。テレビがなくとも映画や動画、音楽、ゲーム、趣味の世界など実に様々な娯楽がネット経由で提供される。投資もネットの方が幅広く選択肢が用意され、また知的好奇心を満たす情報の多くもネットを入口に入手できる。最近では、バーチャル・リアリティ（仮想現実）の登場でスポーツすらネットでできるようになりつつあるのだ。

ここまでＩＴが社会に浸透すると、ＩＴは「使えると便利な道具」などではなく、かえって「使えないと不便をこうむる必需品」ということになってくる。その昔、自動車や飛行機が登場した時、「そんな得体のしれない危ないものに乗るなんて」と頑なに利用を拒んだ人たちが少なくなかった。しかし、今となってはその危険性やコスト、操作習熟などの労力を差し引いても、圧倒的な利便性から誰もがそれを利用している。さらには、そうした利器を使用することが社会生活の常識ともなっている。現代の日本において、たとえば通勤に馬を使うなどはあり得ないし、ましてや片道五時間歩くなどというのは間違いなく非常識である。ＩＴも、これと同じ話になってきているのだ。

そのわかりやすい例が銀行だ。最近、銀行は経営環境の悪化によって各種手数料の原則有料化が進みつつある。一方、ネットバンキングを使うとこうした手数料がかからない（もしくは安い）というところが増えてきている。手数料だけで見ればたかが一回数百円の話ではあるが、「ネットが使えない」というだけで余計なコストを支払わされる時代になっているのだ。いずれコトは銀行に限らず、あらゆる生活のシーンで「ＩＴ非対応の人」が不便、不利益をこうむることになるだろう。

こうした「ＩＴ社会」に共通する現象とは、一言で言えばあらゆるものの「デジタル化」「仮想化」である。そして当然、お金も「無形化」の道を歩んでいるということなのだ。あらゆるものがネット上で飛び交うＩＴ社会において、価値の交換であるお金のやり取りも同様にネット上で行なわれることがもっとも利便性が高いお金の形となる。ＩＴセキュリティ技術の進歩とあいまって、ネット上では極めて高速に、安全に、安定した同質の価値を保つ「お金」の情報のやり取りができるようになった。そしてその利便性は、いよいよ実体を伴う現実社会にも応用され始めた。

そのもっとも端的なものが「キャッシュレス決済」だ。日本でも、東京オリンピックを控えた二〇一九年頃から政府も本腰を入れて推進し始め、その結果「現金お断り」の店すら登場し始めている。コロナ禍によってその傾向はさらに拍車がかかると見込まれており、いよいよお金のやり取りは「無形化」が常識になって行くだろう。その未来が、すでに到来している国もある。

「キャッシュレス先進国」のスウェーデンでは、ネットが使えず現金しか扱えない高齢者など「キャッシュレス難民」が問題になっている。生活のあらゆる場面でキャッシュレスが使えず、極めて不便を強いられているというのだ。

私たちの資産は常に捕捉されている

さて、こうした社会背景を踏まえて、いよいよ本章の本題に移ろう。前項で説明した通り、お金を取り巻く世界にも「ＩＴ化」が本格的に浸透してきた。となると、資産防衛の在り方も当然大きく変わってくることになる。お金の在り方が「デジタル化」「無形化」の方向に大きく変化したのだから当然だ。

変化したのはお金の形だけではない。お金の流れを取り巻く環境も大きく様変わりしている。世界はＩＴの進展と並行し、グローバル化と金融のボーダレス化が進んだ結果、あらゆる資産がより簡単に世界に分散できる時代になった。

このことで、お金の流れを管理する国家の姿勢にも変化が起きたのだ。二〇〇〇年代には、資産家や企業が海外への資産移転という手段を用い、なかば法の網目をかい潜《くぐ》るかのごとく「合法的に」課税逃れを行なってきた。国家としては、国家の威信にも税収という実質にも関わる一大事である。

そこで、これを厳重に取り締まるべく国家間で連携し、資産捕捉の枠組みを強化したのである。その一つとして、二〇一七年から段階的に施行されたのが「ＣＲＳ」という制度である。「ＣＲＳ」とは、「Common Reporting Standard」の略で、日本語にすると「共通報告基準」というものだ。ＯＥＣＤ（経済開発機構）が策定した、金融口座情報を国家間で自動交換する制度で、現在は日本を含む一〇〇以上の国々がこの制度に参加している。

ＣＲＳ参加国に所在する金融機関は、管理する金融口座のうち非居住者の情報をその国の税務当局に報告する義務を負う。そして、集まった情報は参加各国の税務当局間で互いに共有される。今までは海外の金融口座情報については当局が知るすべはなかったが、この制度によって自国民の海外口座情報を知ることができるようになったのだ。

ちなみに、ＣＲＳに加盟していない国は北朝鮮、カザフスタン、バングラデシュ、ベトナムなど社会主義国家や独裁国家がほとんどで、先進国では唯一アメリカのみが非加盟である。香港、シンガポール、ニュージーランドなどは言うにおよばず、ケイマン諸島などのタックスヘイブン（租税回避地）ですら加盟しており、日本人の観点で見れば実質的にＣＲＳから逃れて資産を保有することは極めて難しくなっている（アメリカはＣＲＳ非加盟だが、日本とは租税条約により個別に金融資産情報を交換できる）。以前であれば、海外資産は政府が捕捉不可能というのが常識だったが、現在では海外資産といえどもある程度「ガラス張り」になってきているのだ。

また、日本においてはマイナンバー制度の普及加速も当局による国民資産の捕捉に今後大きく貢献することだろう。銀行口座や証券口座などの多岐にわたる情報も、マイナンバーで「名寄せ」すれば立ちどころにすべて把握できる時代がそう遠くない将来にやってくる。いざ国家破産、という際には国民資産が没収されることも十分に考えられるが、マイナンバーはその時大いにその威力を発揮することだろう。

さらに、現在では資産の移転や取引を捕捉する制度も存在する。銀行で海外への送金（あるいは海外からの着金）を行なうと、その額が一〇〇万円を超える場合、銀行が海外送金調書という書類を作り、税務当局に提出する義務がある。これによって、これから海外へまとまった資金を送金しようとすると確実に当局の知るところとなるのだ。

銀行口座だけではない。金《きん》や銀といった現物資産にもルールが存在する。金銀を販売する業者は、犯収法（犯罪収益移転防止法）に基づき、取引記録の保管義務がある。つまり、これら現物資産は販売業者によって所有者名簿が管理されているようなものなのだ。さらに、二〇〇万円を超える金《きん》の売却を行なうと、業者は税務当局に「支払調書」を提出する義務がある。たとえば、一キログラムの金地金を売ると数百万円の現金となるが、それは即座に税務当局の知るところとなり、もし確定申告をして正しく納税を行なわなければ脱税として摘発されるというわけだ。

お金の在り方は大きく変わった

IT化

↓

デジタル化
ガラス張り化

↓

国民資産は
権力者にとって
より捕捉、管理
しやすいものに

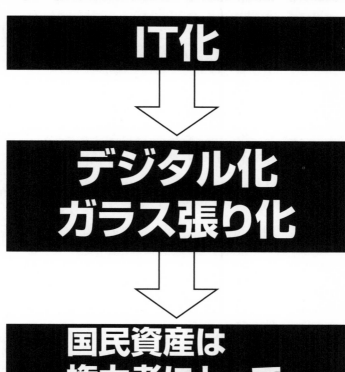

さらに今後、キャッシュレス決済などさらにＩＴ社会が進展すれば、個人資産のみならず個人の消費動向まで詳細に捕捉が可能となり、より厳格な管理社会になって行くことは明白だ。

国家破産であなたの資産に降りかかる「厄災」

このように、ＩＴ社会の進展によりお金の在り方が変わり、そしてそれを取り巻く国家の対応も大きく変化しつつある。もしここで、日本に国家破産が到来すれば、果たしていかなる厄災が私たちに降りかかってくるのか。

基本的に、国家破産によって訪れる厄災は大きく変わることはないが、やはり変化する部分もあり、それを加味した対策が必要となってくる。改めて、「国家破産で起きる三つの厄災」について見て行こう。

まず筆頭に挙げられるのが**「高インフレ」**だ。国家破産とは、国の財政が破綻し、信用が失墜した状態である。国は通貨を発行、管理するという機能も持っているが、国家の信用が失われた状態では通貨の信用も著しく低下する。通貨の信用低下は、単に「信用ならない」というだけに留まらず、通貨の価値低下を招く。すると、相対的に物価は高騰することになる。際限なく通貨の信用が下がれば物価はそれに応じて際限なく上昇し、ハイパーインフレとなる。近年破産した国家を見れば一目瞭然、二〇一八～一九年にかけて事実上の破綻国家となったベネズエラ、ここ一〇〇年あまりの間に九度ものデフォルト（債務不履行）を行なった「破産常習国」のアルゼンチン、二〇〇九年に国家破産したジンバブエなど、いずれも深刻なインフレに見舞われている。

したがって、国家破産から資産を守るには、まずもって「自国通貨の価値低下」に対抗できる手立てを講じる必要があるわけだが、そういった資産は国が保有を制限したり、あるいは保有状況を捕捉して次なる一手を講じたりする危険性が伴う。特にＩＴ化の進んだ現代では、そうした「対インフレ資産」の捕捉はより高度化することとなろう。その点を考慮した対策を講じることが、従来までの対策とは決定的に異なる点となってくる。

国家破産によって降りかかる第二の厄災、それは**「徳政令」**だ。これは様々な形が想定されるが、預金封鎖、金融封鎖といった極めて強制力の高い方法によって国民資産を身動きできない状態にすることがもっとも効果的だろう。預金封鎖は、第二次世界大戦後の一九四六年に日本でも実施されており、また最近では二〇一五年のギリシャや二〇一三年のキプロス、また二〇一九～二〇年にかけては事実上の破綻国家であるレバノンでも実質的な預金封鎖が実施されている。国家破産時に手っ取り早く国民資産を差し押さえられる、いわば「伝統的手法」というべきものである。後述する「大増税」とセットで実施すれば国民資産を根こそぎ没収でき、国の借金と相殺できるため、破産国家ではもはや「風物詩」と言ってもよいほどの常套手段だ。

金融封鎖は、国民資産を国内から漏らさないための「金融鎖国」のような措置で、海外送金の禁止、現金や現物資産の国外持ち出し禁止などがこれにあたる。この措置が講じられたが最後、資産を守るには国内で「隠し切る」ほかに手はなくなる。ただし、ＩＴの進展により資産の「守り方」はある意味で多様化してきているため、そうした方法を上手く活用すれば資産防衛に役立つ可能性はあるだろう。これについては、「対策編」で少し触れて行く。

また、「徳政令」には課税というプロセスを経ずに、国民資産を直接没収するという究極の手が用いられることもある。もっとも有名なものでは、一九三三年に米国政府が実施した金《きん》の保有禁止令が挙げられる。米国民は保有していた金《きん》は国が当時の公定価格一オンス＝二〇・六七ドルで買い上げた後、価格を吊り上げて行き、一〇ヵ月後には三五ドルにしたのだ。これは事実上の国家による金《きん》没収と言えるものだ。ほかにも、一九九八年にアジア通貨危機の影響で深刻な経済危機に陥ったロシアでは、銀行の貸金庫が開けられ中の資産が没収されるということも起きている。日本においても、戦後の預金封鎖実施時には社債や株式、保険などの保有資産を自己申告制で提出させており、財産税とセットで資産没収を図っている。

国家破産による第三の厄災に話を移そう。それは**「大増税」**だ。財政を立て直すため、国の収入である「税収」を増やす策だが、大まかに言えば二つの方法がある。一つ目は既存の税体系での課税を強化するやり方だ。主だったものでは、利益を上げた個人や法人に課税する所得税、法人税、人から人へ財産が移転した時に課税する相続税、贈与税、商品購入やサービス利用などの消費に対して課税される消費税などがあり、それらの税率を引き上げることで税収を増やす方法だ。「ギリシャショック」によって危機的な財政状況に陥ったギリシャでは、ECBなどから財政支援を取り付けるためにたびたび付加価値税（日本の消費税に相当）やたばこ税などの引き上げを実施したが、ただでさえ厳しかった国民生活は、さらに困窮したという。

ただ、こうした従来の税金を引き上げるだけでは、破産国家が立ち直ることは極めて難しい。所得税や法人税の引き上げには限度があり、国家への反発も激しくなるリスクがあるためだ。また、消費税を引き上げれば経済活動の著しい低下を招きかえって財政再建への道のりが遠のくリスクもある。なにより、莫大な政府債務を定常的税収で相殺しようとすれば、相当長期間にわたって高い税率を続けなければならず、財政再建より先に政変などで国家が転覆する危

国家破産で起きる3つの厄災

高インフレ

徳政令

大増税

ITがこれらをより苛烈なものにする!!

険もある。

そこで用いられるのが、国家の非常事態を宣言し、特例的に新たな税金を課すというやり方だ。その方法の代表的なものが「財産税」である。言い方を変えれば、「増税」という体裁をとった資産没収ということもできる。近代以降の法治国家では、法律の裏付けなく国家が国民から資産を召し上げるということは行なうわけにいかない。そこで、「国の非常事態」として特例法を定め、形式的な体面を作って「合法的に搾取・没収する」ということが行なわれるのだ。

そのもっとも代表的なものが、一九四六年二月一七日に日本で公布、施行された「金融緊急措置令」だ。第二次世界大戦の敗戦後、極度の物資不足と急速なインフレに対処するために行なわれたもので、「預金封鎖」で国民資産を差し押さえ「新円切換」によってタンス預金をすべてあぶり出し、「財産税」で国民資産を根こそぎ召し上げるというやり方を取った。この財産税は、保有資産額に応じて累進税率が適用されたが、その最高税率はなんと九〇％である。持っている資産をほとんど持って行かれたと言ってよいほどのものだ。

戦後の資産没収はこれだけにとどまらない。「戦時補償特別措置法」という法律を作り、国に対する債権に一〇〇％課税するということもやったのである。これだけだとよくわからないので少し説明しよう。戦時中、国は物資・装備品を民間から調達するにあたって、現金での支払いではなくいわゆるツケ払いで対応した。戦争に勝てば、賠償金や植民地の獲得でツケを清算できるという算段である。しかし戦争に負け、GHQは戦時補償を許さなかった。そこで、「戦時補償債務は全額支払うが別途新税を設けて支払額に対して一〇〇％の税率を課します」としたわけだ。「返すけど同額取り上げる」という、いわば事実上の踏み倒しだが、このまだるっこしいやり方は、あくまで「国家の有事に特例の税金を課した」という体面を繕うための方便である。

もし、ITが進展した日本でこうした大増税が実施されるとすれば、より効果的、効率的に行なわれることだろう。金融口座はマイナンバーで名寄せでき、海外資産もCRSで捕捉が可能だ。金《きん》・銀などの現物資産も、業者の取引履歴からまとまった量を保有している人を特定できるだろう。そうしたことを踏まえた上で、それでもどのような対策が有効かを見極めて行くことが非常に重要になってくる。

国家破産対策——「基本編」

私は長年国家破産についてあらゆる情報を収集し、また実際に破産国家に取材も行ない研究を行なってきた。その中で、国家破産に対抗する資産防衛策についても研究し、具体的な対策法を皆さんにもお伝えしてきた。

基本的に、その内容は時代を問わず普遍的なものであると考えているが、しかしながらこのところの時代の変化を見るにつけ、現代の環境に則した方法にアップデートを行なう必要は大きいと感じている。マイナンバー、CRS、そしてITによるデータ解析など、資産捕捉のための様々な方法が講じられており、それらを適切に踏まえる必要があるからだ。具体的な対策を検討するに先んじて、基本的な考え方を今一度整理しておこう。

①あらゆる資産は「捕捉されている」可能性を考慮すること

大前提として、当局に知られずに資産を持ち続けることは極めて困難な時代になっている。前述の通り、当局は国内のみならず海外の資産情報もある程度捕捉可能となっているのだ。下手に「捕捉されない方法」を模索すると、逆に危険な預入先に預けて資産を喪失するリスクを負ったり、あるいは違法な手段を用いた末に露見しペナルティを課されたりする危険がある。それよりも適正な方法で資産を取得し、必要に応じて正しく当局にも報告する方が賢明である。

②現物資産は「ＩＴ社会」の時代でも有効

まったく逆の話のように思われるかもしれないが、一方で現物資産を保有することは相変わらず資産防衛や国家破産サバイバルにおいて有効である。国家破産を迎えると、社会は混乱する。通貨の信用が毀損し、著しい物価変動に見舞われるようになると、電子的な決済手段のほかに闇レートで物々交換するといった原始的な取引も行なわれることとなる。

そうした局面では、現物資産が存外に力を発揮することがあるのだ。もちろん、使いやすいものとそうでないものの差もハッキリ出るため、適切な現物資産を適切な量保有しておくことが重要である。

③外貨・海外資産は保有推奨

海外資産が捕捉されるからと言って、それらを持つことが対策の役に立たないわけではない。国内資産は当局の命令によって凍結、差し押さえ、没収は思いのままだが、海外資産は当局が直接手を下すことができないものである。「資産を守る」という観点から、勝手に資産を差し押さえられないということは、対策の選択肢を持てるという意味で極めて重要だ。

また、外貨資産の保有はインフレ対策として極めて有効である。やはり、これも積極的に行なっておくべきだろう。

④常に最新の情報を収集しておく

ＩＴ社会の特徴は、次々と新しいサービスが誕生し、社会環境が変化して行くという点にある。当然、そうした変化に対応すべく新たな規制やルールが作られ、今まで通用していた対策が使えなくなる可能性も十分にある。「これだけ対策をしているから大丈夫」と考えるのではなく、状況の変化に応じて対策法を変えて行くことを常に意識することが大事だ。そのためには、常に最新の情報を入手し、世の中の動向をチェックしなければならない。

⑤資産は分散すること

資産防衛において極めて重要な点は、資産の分散である。「卵は一つのカゴに盛るな」という格言があるが、国家破産のような有事には何が起きるか予測不能であり、「まず間違いなく大丈夫」と思っていたカゴがひっくり返ることがある。卵をそこに一極集中してしまえば、全滅はまず免れないだろう。また、当局が捕捉をしているとしても、すべての資産に対して没収などの強制的手段を用いるわけではない。当局とて、全国民の全資産を根絶やしにするのが目的ではないからだ。徳政令も、労力と社会的影響、そして効果（いくら徴収できるか）などを見極めて実施されるものである。よって、生き残れる可能性のある資産クラス（株、債券、ダイヤ、金《きん》など資産の分類）はなるべく広く分散すべきである。

国家破産対策――「実践編」

ここまでの話を整理総合し、いよいよ具体的な対策項目を見て行こう。

①海外の外貨建て資産を持つ

海外の外貨建て資産は、二つの点において国家破産対策に有効だ。まず、外貨建てであれば国家破産による通貨価値の毀損＝インフレに強く、資産価値の維持が図れる。また、海外資産であれば当局が直接没収、凍結、差し押さえることができないため、国家破産時代を超えて資産を維持するのに好適と言える。もちろん、イザという時には引き出して活用するということも可能だ。

もちろん、ある程度資産状況を把握される可能性は高いため、総資産額に応じた財産税が課せられる可能性はあるが、比較的自由に資産を動かせることは、激動期の資産防衛において非常に重要な点となる。

外貨建て海外資産を持つ方法は、主に二つ挙げられる。一つは「海外ファンド」、もう一つは「海外口座」だ。それぞれに一長一短があるため、その特長を踏まえて保有を検討したい。

■海外ファンド

海外ファンドは、日本に居ながらにして海外金融機関に資産を預け入れ、プロに運用をゆだねることができるという点が特長だ。後述するが、海外銀行に口座を開設して預け入れをするためには、現地に渡航して手続きを行なう必要があることがほとんどでありハードルが高い。また、新型コロナウイルス感染拡大のような事態になると、渡航しての手続きが事実上難しくなる点も見逃せない。

その点、海外ファンドは国内に居ながら必要な書類を取り寄せ、買付けの手続きを行なうことができる。投資条件としては一八歳以上などの年齢要件はあるが、基本的に身分証などの必要書類を提出すれば誰でも買付けが可能だ。最低投資額は銘柄にもよるが、数百万円程度から始められるものも多いため、複数の銘柄に分散投資をすれば資産保全性を高めることもできる。

また、日本国内にはあまりない特殊な運用法や投資戦略を用い、恐慌などの相場局面でも収益が期待できるものや、定期預金並みの安定性でありながら高い収益を期待できるものもあり、保有自体が将来のお楽しみにもなり得る。そうした運用は金融のプロが行なうため、私たちは買付けを行なった後は基本的にプロに運用を任せて結果のみを確認すればよい。株式や社債、預金のように配当や利息が出ない形となっており、税務申告はファンドを解約して利益が出た時だけでよい点も便利である。

本書では詳しく説明しないが、国家破産時代に適した銘柄を組み合わせることで、資産防衛をより手堅いものにすることも可能だ。たとえば、国家破産や恐慌による激動相場に強い「MF戦略」という手法を用いたファンドは、日本国内ではほとんど取り扱いがないが、海外ファンドには代表的な銘柄がいくつもあり、またそのいずれも独自の工夫を凝らして収益性の向上を目指している。

また、相場局面に関係なくコツコツと小幅の収益を積み重ねる運用スタイルの海外ファンドも、世界的な低金利の時代にあって非常に注目されている。その中でも、私が今注目している「AT」という銘柄がある。新興国の公務員向け消費者金融や貿易決済のつなぎ融資など、世界中の様々な国、地域の融資機会をフィンテック（金融とITの融合技術）を活用して発掘、投資するもので、年六％程度の利回りを非常に安定的に稼ぎ出し続けている。

ほかにも、多彩な市場への投資戦略をミックスし、手堅く収益を狙う銘柄といったものもあり、海外ファンドの世界は非常にバリエーションが豊富なのだ。日本国内の投資信託では株式や債券の買い建てが主力となっている銘柄が圧倒的に多いが、恐慌など特定の相場局面で同じような結果になりやすく、分散投資による資産防衛効果は残念ながらほとんど見込めない。その点、海外ファンドであれば運用戦略が多様なため、組み合わせ次第では相場の様々な局面でそれぞれの銘柄が持ち味を発揮し、資産防衛のみならず全体での収益を期待できるようにもなるのだ。

ただ、残念ながら日本国内で海外ファンドに関する情報を取り扱っているところは極めて少なく、どのような考え方で取り組むべきかを知るのはなかなか難しいのが実情である。だが、ご安心いただきたい。私は国家破産対策として二〇年以上も前からファンドに着目し、同時に情報網を作り上げて助言組織を立ち上げた。資産規模に応じて「プラチナクラブ」「ロイヤル資産クラブ」「自分年金クラブ」という三つの会員制クラブを運営し、ファンド銘柄の情報や投資に関する助言を行なっている。海外ファンドによる資産防衛に興味がある方は、これらのクラブにご入会いただければ専任スタッフのサポートを受けて取り組むことが可能である。約二〇年の海外ファンド情報の提供と豊富な助言経験によって、安心して資産防衛に取り組むことができるだろう（お問い合わせは「日本インベストメント・リサーチ」〈〇三―三二九一―七二九一〉まで）。

■海外口座

海外での資産の預入先としてもう一つの有力候補になるのが海外口座だ。海外ファンドと決定的に異なる点は、日本国外に資産の出入り口を持つことができるという点、そして資産を運用せずに単に預け入れておけるという点である。

海外ファンドは、原則として預け入れた資産は積極運用される。つまり、収益期待がある反面、損失の可能性もあるということだ。その点、海外口座は日本国内の銀行口座と同様に預け入れ資産は運用せず、預金されるだけである。口座によっては利息が付く場合もあるが、基本的には増減しない形であり、「資産保全」の意味合いがより強いものとなる。

また、海外ファンドは買付け時に本人名義の銀行口座からの送金が必須で、また解約時にも本人名義の銀行口座への送金が必須となる。もし、日本国内にしか銀行口座がなく、それらが国家破産で預金封鎖されている時などは、ファンドを解約してもそれを使うことはできない。しかし、海外口座の場合は国内銀行が預金封鎖されていても使うことができる。さらに、海外口座のカードにはデビットカード機能が付いているものが多いため、いざとなれば預金封鎖時でも国内でカード払いに使うことも可能だ。

このように、海外ファンドとはまったく異なる利点がある海外口座だが、実は保有には海外ファンド以上に気を付けるべき点がある。まず、「海外」口座と言ってもどの国のものでもよいわけではない。財政も政治も健全な国の、優良な経営状態の銀行であることが必須だ。新興国には非常に魅力的な金利を提供する銀行もあるが、こうした国の銀行は往々にして突然サービスが変更になって非常に不便をこうむったり、最悪の場合銀行が破綻したりといったリスクすらある。

また、言葉の壁でつまずかないよう、日本語対応の銀行を選ぶことも重要だ。銀行とのやり取りは思っている以上に専門的な用語などが必要となるため、多少の日常会話程度の英語スキルでは対応が困難になる危険がある。長期留学経験者レベルの英語スキルがあるならよいが、そうでない場合は無理をして日本語非対応の銀行を選んではいけない。

さらに、海外口座は開設するにも渡航と現地面談が必要なだけでなく、維持するための手続きも意外と多い点にも注意が必要だ。所在国の法律改正や、最近では国際的な金融ルールの変更によって新たに提出書類が求められることもあり、これらに対応しないと最悪口座から資金が移動できなくなる。また、一定年数取引がないと、「休眠口座」や「口座凍結」となり、国によっては国庫に吸い上げられて取り戻すのに現地渡航や現地弁護士の雇い入れが必要なケースもある。

細かい点ではあるがもう一つ、注意しておいた方がよい点がある。それは「利息」だ。先ほど、海外金融機関の口座情報も「ＣＲＳ」という制度である程度捕捉ができるようになったとお話したが、海外口座によっては利息が付き、それが当局に捕捉される可能性もある。海外口座の利息は確定申告が必要となるが、それを怠ると「ＣＲＳ」の情報で申告漏れを指摘され、厄介なケースに発展することもあるのだ。利息が付かない「当座口座」のみに預け入れるか、あるいはきちんと毎年申告するなどの対策を適切に講じておくことが肝心だ。

このように列挙してみると、海外口座は思ったよりも注意点が多く手間もかかることがおわかりだろう。「なんだか面倒だな」とお感じの方もいらっしゃるかもしれない。しかしながら、国家破産対策の観点ではその面倒を負ってでも取り組む価値があるのが海外口座だ。独力で対策するのがおぼつかないという方は、海外ファンドのところで紹介した三つの会員制クラブ「プラチナクラブ」「ロイヤル資産クラブ」「自分年金クラブ」の活用をぜひご検討いただきたい。ファンド助言のみならず、海外ファンドに関しても豊富な経験と知見を有しており、海外口座による国家破産対策にも大きな助けとなるだろう。

②現物資産と現金を持つ

基本編でも触れた通り、ＩＴ全盛の時代にあっても国家破産という究極の事態では現物資産と現金の保有が非常に有効だ。現物資産は、モノによって「長期的防衛・維持」を目的とするものと国家破産時の「サバイバル資産」としての活用を主な目的にするものに分かれる。目的意識をはっきりさせて、資産全体の割合に配慮して保有するのが賢明である。以下に挙げるものは、資産防衛に大いに役立つ現物資産と言えるだろう。

■金《きん》（ゴールド）

「有事の金《きん》」の格言通り、金《きん》は国家破産対策として必ず保有すべき資産である。ただし、国家破産の混乱時にはニセモノの流通や当局による没収の可能性があり現金化が極めて難しくなると予想される。したがって、基本的に国家破産の後に財政再建が進み、比較的落ち着いた時期になるまで長期的に保有することを前提とすべきである。また一九三三年のアメリカで行なわれたように、金没収令が施行される可能性もあるため、資産の大半を金《きん》にするのは避けるべきである。金融資産全体の一〇～二〇％程度を上限として保有するのがよいだろう。

当然のことだが、業者の保管サービスや積み立て、ETFのような「ペーパーゴールド」で所有しても資産防衛策としてはまったく無意味である。ハイパーインフレに対抗するには意味があるが、国家破産時の金《きん》は没収・差し押さえリスクが高い。必ず自分の手の届く範囲で適切な保管場所を選び、いざという時はすぐに持ち運べるようにしておくことが必須だ。

また、当局による金保有の捕捉を考えると、一キログラムの地金のみで保有するのはあまり賢明ではない。総資産が多額である場合には致し方ないが、できれば一〇〇グラムの地金やコインなど、小さい単位のものを多めに保有した方が捕捉リスクの軽減に役立つだろう。また、小さい単位の方が現金化しやすく使いやすいというメリットもある。

■ダイヤモンド

国家破産対策としてもう一つ、ぜひ保有したいのがダイヤモンドだ。「えっ？なぜダイヤ？」と意外に思った方もいるかもしれない。しかし、ダイヤモンドは金《きん》とはまったく性質の異なる特長があるのだ。

まず、ダイヤモンドは金《きん》に比べて小さく軽く、持ち運びしやすい。イザという時にポケットに入れて移動ができ、もしそのまま海外に行くとしても金属探知機にもかからない。そして、ここが最大の注目点だが、金《きん》とは異なり当局が実質的な捕捉対象にはしていないという点だ。ダイヤモンドは一つひとつが一点ものであり、金《きん》のような公的な市場が存在しない。現金化のために市井の宝飾品店で下取りに出すと、極端に安い値段しか付かないことがほとんどだ。また、宝石専門のオークションでの取り扱い価格も、金《きん》に比べれば売買価格差が大きい。こうした特徴は、現金や金《きん》のように「価値を保つ」資産とはみなしづらいため、おそらく当局としても実質的な捕捉対象としていないのだろう。

しかし、逆に言えばその特長は国家破産対策としては好適と言える。もちろん換金性では金《きん》に劣るわけだが、それでも資産価値を維持する点や可搬性という特徴を考えると、他の現物資産よりはるかに有用である。

ただ、ダイヤモンド保有については、一つ注意したい点がある。それは「現金化も見据えて適切な業者を頼る」ということだ。いわゆるデパートの宝石店などでは、現金化しようとしても二束三文でしか買い取ってくれないばかりか、買取拒否という最悪の可能性もある。海外の宝石専門オークションにアクセスできるプロの取引業者を選ぶことが成功のカギとなる。なお、このような業者活用のノウハウや資産防衛に好適なダイヤモンドを有利に購入する方法に興味がある方は、巻末の「ダイヤモンド情報センター」の情報を参照していただきたい。

■米ドルキャッシュ

もう一つ、国家破産時に保有しておきたいのが米ドルの現金（キャッシュ）だ。①で触れた「外貨を持つ」対策の一つだが、海外金融機関に預け入れるほかに、手元に米ドルの現金を置いておくという対策である。これは、長期的な資産の防衛というよりも国家破産時の混乱期や高インフレ期のサバイバル用として活用する目的のものである。インフレがどれだけ高進したとしても、それに比例して米ドルの交換レートも上昇するため、インフレ対策の手元資産として有用だ。必要な時に必要な分だけ両替して使えばよいし、さらに究極の状況では米ドルでそのまま買い物や取引ができるようにもなるだろう。国家破産に陥った国では、自国通貨が紙キレ同然になると信用力の高い基軸通貨（現代では米ドル）が流通し、取引に用いられるようになる。この現象を「ドル化」と呼ぶが、日本においても国家破産時には米ドルが重宝されるだろう。

肝心の保有割合だが、二つのケースが想定される。一般的には、日常生活のサバイバル原資として使うため、現在の生活費で三〜六ヵ月分程度もあれば十分だろう。逆に多く持ちすぎても管理が大変になるし、実際に国家破産の混乱期に大量の米ドルをバンバン使うようなことをすれば、悪い意味で目立ってしまいかえって危険だ。また、一〇〇ドル札などの高額紙幣は額が大きすぎていざという時に使いづらい懸念があるため、できれば一ドルや五ドルなどの少額紙幣をたくさん持っておく方がよい。

さて、もう一つの米ドルの持ち方だが、なるべく大量の米ドル現金を持っておくやり方だ。とはいっても、資産全体の大半を米ドル現金にするのではなく、あくまで一部をそうするということだ。必然的に富裕層、資産家や会社の経営者など向けの方法となる。

国家破産時には米ドルが重宝されると説明したが、それは日常生活においてだけではなく、比較的高額な取引においても言えるのだ。たとえば、国家破産時には資金繰りに窮した資産家が泣く泣く優良な不動産物件を売ったり、良いモノを作れるのに経営難に陥った会社が身売りしたりといったことがよく起きる。こんな時、多額の米ドル現金がモノを言うのだ。サッと現金で用立てできれば、その分有利に交渉を進めることもできるというわけだ。

■仮想通貨

二〇〇九年に誕生した仮想通貨「ビットコイン」は、インターネット上で取引されるその名の通り「仮想の通貨」であるが、今や世界中でも広く取引されるようになった。相変わらず価格変動は激しいものの、取引環境や法整備も大分進んできており、「暗号資産」という名前が付いたように「資産」としての位置づけも定着しつつある。

この仮想通貨は、国家破産の資産防衛策として補助的ながら有効に機能する可能性があり、保有しておくのも悪くない。取引業者が保有履歴を管理しているが、保有データを取引業者から引揚げ「ハードウェアウォレット」と呼ばれる記録媒体に格納したりもできる。つまり、他の現物資産と同様に手元保管もできるということだ。もちろんインターネット上の移動もできるため、方法次第では海外に移動することも可能となる。いずれ当局による移動規制がかかるかもしれないが、当面はこうした規制がかからないため非常に可搬性に優れた資産ということができるだろう。

ただ、保有には細心の注意が必要だ。まず、基本的にネット上でしか取引、現金化はできないため、ネット取引に習熟することが必須だ。また仮想通貨と一言で言っても、世界中には無数と言ってよいほどの通貨があり、また中には詐欺まがいの通貨もある。世界で広く取引されているメジャーな銘柄を、信頼性の高い安全な業者を通じて取引することが重要である。

日本国内では、すでにモグリの業者が一掃されたため、有名な業者であれば大きな問題はない。また、そうした業者で扱う銘柄は詐欺のリスクは低い。

もし仮想通貨を対策として取り組むのであれば、やはりしっかりとした知識を習得してから臨むのがよい。できれば、ある程度の経験も積んだ専門家などを頼るのが得策だ。

国家破産対策――「技能編」

これからの時代の国家破産対策を考えると、実践する対策だけでなく身に付けておくべきスキルにも言及しておきたい。もちろん、こうしたスキルを自分で習得しなくても、信頼できる第三者に依頼してもよいのだが、できればこれらのスキルは自分で身に付けておくべきだろう。国家破産は究極のサバイバル的状況であり、サバイバルの鉄則とは「最終的には自分だけが信用できる」というものだからだ。

■パソコン・スマートフォン

前述した通り、ＩＴが進展した社会では、そうした道具を使えない人が不利益をこうむることになる。パソコン、あるいはスマートフォン（以下、スマホ）いずれでもよいが、最低限のことはできるようになっておくべきだ。

「最低限のこと」とは、資産防衛にも関係するような操作全般を指す。たとえばネット銀行やネット証券取引、株価や為替、金価格などの市況情報の確認、ネット通販、その他にも自身の生活に関連した情報を検索・閲覧する、家族や友人などとテレビ電話やＳＮＳ、電子メールなどでコミュニケーションするなどだ。これらのスキルがあるかないかで、情報収集の効率も国家破産対策の選択肢や迅速さ、コストなども圧倒的に差が出る。

ネット上でお金に関わる操作をすることには、抵抗が強い人も多いだろう。しかし近年ではＩＴセキュリティが強化され、またもし自分の過失（誤操作など）でない場合は企業側が補償もしてくれるようになっている。「フィッシング」などのネット固有の詐欺なども、見抜くポイントを習熟すれば過度に心配する必要はない。

また、ネット上の情報は信用性に乏しく、ＳＮＳなどではデマなどが横行していて利用に値しないという考えも正しくない。もちろん、ネット上の情報は玉石混淆であるが、信頼できる発信元もあり、さらに複数情報をチェックすれば「おかしいかどうか」の判断が付くことも多い。

このような、複数の情報から本当のことを「見極める力」（メディアリテラシー）は、なにもネットを利用するから必要なのではなく、紙媒体やテレビなどの情報を受け取る際にも必須の能力である。

「フェイクニュース」（ニセのニュース）という言葉が登場して久しいが、特にこれから国家破産の激動を生き抜くには、国家が発信する情報ですら「フェイク」の可能性を想定する必要があり、ぜひとも身に付けておきたいスキルである。そう考えれば、むしろ積極的にネットの情報に触れ、「見極める力」を少しずつ鍛えて行くのが賢明だろう。

■多少の語学力

国家破産対策には、少なからず海外や外貨を活用することが必要となり、必然的に外国語に触れる機会も増えることとなる。もし、あなたが外国語を見ただけでアレルギー反応を起こす、というようでは対策はとてもおぼつかないだろう。「外国語＝意味不明」と拒絶するのではなく、せめて辞書を片手に少しでも理解しようという気概を持つべきだ。

国家破産対策で登場する外国語は英語がほとんどであるから、できれば現在の中学教科書レベルの英語力を身に付けておくのが望ましいだろう。中学校レベルと侮るなかれ、四技能（聞く・話す・読む・書く）ともきちんと習得すれば、日常的なコミュニケーション程度は難なくこなせるレベルとなる。

なお、パソコンやスマホに習熟している人の場合、多少の手抜きもできる。インターネットには外国語の即時翻訳機能があり、日本語としてはかなりあやしいが、かろうじて文意をつかめる程度の和訳を調べることができる。

いずれにせよ、流暢に話したり読み書きしたりできる必要はないが、外国語がきてもある程度の対応ができるようにしておくことをぜひ心がけたい。

国家破産対策――「番外（応用）編」

本章では、ここまでで国家破産における資産防衛について見てきた。ＩＴ社会の到来によって、資産防衛の在り方にも変化と工夫が必要となってきているが、一方でＩＴは新たな資産運用そしてサバイバルの方策も提供している。そこで、番外（応用）編と題して、国家破産期に資産を殖やす（稼ぐ）方法を考えてみよう。

■株式・オプション

国家破産によって世界経済が大きく動揺すれば、株式なども短期的に大きく損失をこうむる可能性が高い。しかし、大恐慌クラスの株価暴落の後には逆に株式投資の大チャンスが到来する。どのような状況であれ、株式市場が動いていれば暴落後の反騰は必然的に大きなものとなる。

実際、二〇〇九年に国家破産したジンバブエでも株式市場は動いており、暴騰銘柄が続出している。しかも、ハイパーインフレが到来すれば株価もそれにつられて大きく上昇することとなる。もちろん、インフレ率と株価上昇率を慎重に比較する必要はあるが、得てしてドサクサの時には株価が行きすぎる（下落も上昇も）傾向が顕著となるため、底を見極めて株式投資すればかなりの確率で収益を上げることができるだろう。

さらに、株式よりも巨大なチャンスを掴めるのが「オプション取引」だ。日本においては、大阪取引所で「日経平均オプション」取引が行なわれており、個人投資家も参加可能である。「日経平均オプション」とは、決まった日に日経平均を「買う権利」（コール）や「売る権利」（プット）を売り買いする取引で、先物と同様に「買い」も「売り」も行なうことができる。最低単価が一〇〇〇円と少額から投資が可能で、取引を権利の「買い建て」に限定すれば投資額以上の損失とはならず、比較的安全に取引ができる。

それでいて、リーマン・ショックやコロナショックのように一〇年に一度の暴落相場には、投資金額の数百倍〜一〇〇〇倍以上というすさまじい収益を上げることも可能なのだ（売り建てを行なうと、まれにだが投資額以上の非常に大きな損失をこうむるリスクがある）。

日本の国家破産ともなれば、極めて大きな株価変動局面が到来することは避けられない。となれば、それを逆手にとって大きなチャンスをつかみに行くのも面白いだろう。ただ、このオプション取引を行なうにはパソコン・スマホが必須となる。実は日経平均オプションは、従来の証券会社ではよほどの取引実績があってもほとんどやらせてもらえない（仮に申請が通っても、ほとんどの場合ネット取引のみとなる）のだ。逆に、新興のネット専業証券は一定の審査に通れば普通に取引ができる。つまり、一〇年に一度の大チャンスを活用するにもパソコン・スマホは必須となるのだ。

また、オプション取引は株式などと異なり、取引ルールや価格推移の特徴などの最低限の部分をきちんと勉強する必要がある。初心者には取りかかりづらいハードルがいくつかあるのだ。そこで私は、魅力溢れるオプション取引にぜひ積極的に取り組んでいただくべく、二〇一八年一〇月に「オプション研究会」を発足、会員様にオプションの基礎知識とパソコン・スマホでの操作の習熟をサポートしている。オプション取引に関心がある方は、巻末に簡単な概要を書いているのでぜひ活用をご検討いただきたい。

■なんでもお金にするという作戦

これもパソコン・スマホが必須となるが、自宅にある不用品をネット上のオークションやフリーマーケット（フリマ）に出すというものだ。「Ｙａｈｏｏ！　オークション」や「メルカリ」といった専用サイトを通じて出品し、欲しい人がオークション形式で落札したりお互いに価格交渉したりするものだが、意外なものに高値が付いたりすることもあり、侮れないものである。

また、文章を書くスキルやプログラミングのスキル、あるいは家事などの技能を持っている人は、どこかに就職することなく個別受注で仕事を受託するといったこともネット上で行なえる。たとえば、自営業者がホームページを立ち上げる際に商品ＰＲ文を単発で依頼したり、小規模な業務用プログラムを発注したりといった案件を専用サイトに掲載し、受注者を募る「クラウドソーシング」と呼ばれるサービスがすでに立ち上がっているのだ。職種や地域に偏りはあるようだが、ネット上を探すといろいろな方法で収入を得ることも可能になってきており、こうした方法を活用しない手はないだろう。

時代に則した様々な生き残り戦略を取り込もう

コロナショックを契機として、世の中は大きく様変わりした。中でも、コロナ対策としてのＩＴの重要性や利便性が際立つにつれて、ＩＴを使うことが社会の中での「当たり前」の位置づけになってきたことは非常に大きい。また、資産防衛の観点でも、道具としてのＩＴをいかに使いこなすかが成否にも大きく関わるようになっている。

読者の皆さんの中にも、「パソコンやスマホは苦手」という方は存外に多いかもしれない。しかし、そのような悠長なことは言っていられない世の中になってしまっている。私もかつてはＩＴ機器をほとんど使ってこなかったが、必要に迫られてタブレットを習熟してかれこれ数年となる。慣れるまでは一苦労だったが、一度習熟してしまえばどうということはない。今回のコロナ禍においてもＳＮＳを駆使して社員とやり取りし、なんら問題なく業務を遂行できた。新しいことに挑戦するにはどうしても気が引けるという方も、本書をお読みいただいたことをよい契機として、一念発起していただきたい。

また、時代が変わっても国家破産対策の基本は大きく変わることはない。しっかりとぬかりなく対策を進め、きたるべき激動の時代を笑って乗り切ろうではないか。

皆さんの健闘と大いなる成功を祈って、筆を置く。

エピローグ

私たちに残された時間は多くない

この世の中に永遠に続くトレンドも時代もない。それと同様に政府や中央銀行といえども、永遠にバラ撒きを続けられるわけがない。それをもし無理矢理続行すれば、必ずいつか限界点を超え、政府も中央銀行も破綻し、国民生活は火ダルマとなる。特に日本の場合、政府（中央政府と地方の合計）の借金はGDPの二五〇％に達し、世界各国の中でも最大最悪であるだけでなく、太平洋戦争終戦時の数字さえ超えてしまっている。

そして、このコロナパニックだ。救済のために今までとは違う規模のとんでもないバラ撒きを実施し、しかも税収は減る。つまり、すでに想像を絶する量の借金があるところへ、収入は減って支出は増えるという最悪の状況がやってきたのだ。日本は今のところ経常黒字（海外とのやり取りがプラス）だし、対外資産も多い。だから二、三年は大丈夫だろうが、その後は危険ゾーンへと入って行く。私の現時点での予測では、二〇二六年頃国家破産状況に突入すると見ている。しかも、世界的インフレはそれ以前にやってくる。

さらに、日本国は世界トップレベルの災害国だ。二〇二六年頃に南海トラフや首都直下型がやってきても何の不思議もない。

というわけで、私たちに残された時間はそれほど多くはない。その間にできる限りのことをしてほしい。専門家のアドバイスも受けるべきだ。ぜひ私が主催する会員制クラブ「プラチナクラブ」「ロイヤル資産クラブ」「自分年金クラブ」も上手く活用して皆さんの命の次に大切な老後資金を守っていただきたい。

あとは、実行あるのみだ。こうした努力は必ず報われる。お互い力を合わせて明るい未来を切り開こうではないか。

二〇二〇年八月吉日

浅井　隆

■今後、『国内投信だけで、老後資金を2倍にする!』『年金ゼロでやる老後設計』（すべて仮題）を順次出版予定です。ご期待下さい。

浅井隆からの重要なお知らせ

——恐慌および国家破産を勝ち残るための具体的ノウハウ

厳しい時代を賢く生き残るために必要な情報収集手段

私が以前から警告していた通り、今や世界は歴史上最大最悪の二京七〇〇〇兆円という額の借金を抱え、それが新型コロナウイルスをきっかけとして逆回転し始めています。中でも日本の借金は先進国中最悪で、この国はいつ破産してもおかしくない状況です。そんな中、あなたと家族の生活を守るためには、二つの情報収集が欠かせません。

一つは「国内外の経済情勢」に関する情報収集、もう一つは「海外ファンド」や「海外の銀行口座」に関する情報収集です。これらについては、新聞やテレビなどのメディアやインターネットでの情報収集だけでは十分とは言えません。

私はかつて新聞社に勤務し、以前はテレビに出演をしたこともありますが、その経験から言えることは「新聞は参考情報。テレビはあくまでショー（エンターテインメント）」だということです。インターネットも含め誰もが簡単に入手できる情報でこれからの激動の時代を生き残って行くことはできません。

皆さんにとって、もっとも大切なこの二つの情報収集には、第二海援隊グループ（代表：浅井隆）が提供する特殊な情報と具体的なノウハウをぜひご活用下さい。

◆〝恐慌および国家破産対策〟の入口「経済トレンドレポート」

電子版も開設決定!!

皆さんに特にお勧めしたいのが、浅井隆が取材した特殊な情報や、浅井が信頼する人脈から得た秀逸な情報をいち早くお届けする「経済トレンドレポート」です。今まで、数多くの経済予測を的中させてきました。

そうした特別な経済情報を年三三回（一〇日に一回）発行のレポートでお届

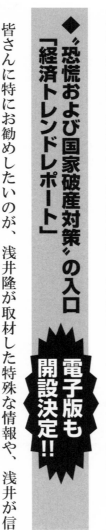

けします。初心者や経済情報に慣れていない方にも読みやすい内容で、新聞やインターネットに先立つ情報や、大手マスコミとは異なる切り口からまとめた情報を掲載しています。

さらにその中で、恐慌、国家破産に関する『特別緊急警告』『恐慌警報』『国家破産警報』も流しております。「激動の二一世紀を生き残るために対策をしなければならないことは理解したが、何から手を付ければよいかわからない」「経済情報をタイムリーに得たいが、難しい内容にはついて行けない」という方は、まずこの経済トレンドレポートをご購読下さい。経済トレンドレポートの会員になられますと、講演会など様々な割引・特典を受けられます。

詳しいお問い合わせ先は、㈱第二海援隊まで。

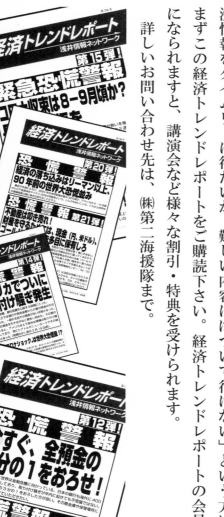

恐慌・国家破産への実践的な対策を伝授する会員制クラブ

◆「自分年金クラブ」「ロイヤル資産クラブ」「プラチナクラブ」

国家破産対策を本格的に実践したい方にぜひお勧めしたいのが、第二海援隊の一〇〇%子会社「株式会社日本インベストメント・リサーチ」（関東財務局長（金商）第九二六号）が運営する三つの会員制クラブ（**「自分年金クラブ」「ロイヤル資産クラブ」「プラチナクラブ」**）です。

まず、この三つのクラブについて簡単にご紹介しましょう。**「自分年金クラブ」**は、資産一〇〇〇万円未満の方向け、**「ロイヤル資産クラブ」**は資産一〇〇〇万～数千万円程度の方向け、そして最高峰の**「プラチナクラブ」**は資産一億円以上の方向け（ご入会条件は資産五〇〇〇万円以上）で、それぞれの資産規模に応じた魅力的な海外ファンドの銘柄情報や、国内外の金融機関の活用法に関する情報を提供しています。

恐慌・国家破産は、なんと言っても海外ファンドや海外口座といった「海外の活用」が極めて有効な対策となります。特に海外ファンドについては、私たちは早くからその有効性に注目し、二〇年以上にわたって世界中の銘柄を調査してまいりました。本物の実力を持つ海外ファンドの中には、恐慌や国家破産といった有事に実力を発揮するのみならず、平時には資産運用としても魅力的なパフォーマンスを示すものがあります。こうした情報を厳選してお届けするのが、三つの会員制クラブの最大の特長です。

その一例をご紹介しましょう。三クラブ共通で情報提供する「ATファンド」は、先進国が軒並みゼロ金利というこのご時世にあって、年率六～七％の収益を安定的に挙げています。これは、たとえば三〇〇万円を預けると毎年約二〇万円の収益を複利で得られ、およそ一〇年で資産が二倍になる計算となります。しかもこのファンドは、二〇一四年の運用開始から一度もマイナスを計上したことがないという、極めて優秀な運用実績を残しています。日本国内の投資信託などではとても信じられない数字ですが、世界中を見渡せばこうした優れた銘柄はまだまだあるのです。

冒頭にご紹介した三つのクラブでは、「ATファンド」をはじめとしてより高い収益力が期待できる銘柄や、恐慌などの有事により強い力を期待できる銘柄など、様々な魅力を持ったファンド情報をお届けしています。なお、資産規模が大きいクラブほど、取扱銘柄数も多くなっております。

また、ファンドだけでなく金融機関選びも極めて重要です。単に有事にも耐え得る高い信頼性というだけでなく、各種手数料の優遇や有利な金利が設定されている、日本に居ながらにして海外の市場と取引ができるなど、金融機関も様々な特長を持っています。こうした中から、各クラブでは資産規模に適した、魅力的な条件を持つ国内外の金融機関に関する情報を提供し、またその活用方法についてもアドバイスしています。

その他、国内外の金融ルールや国内税制などに関する情報など資産防衛に有用な様々な情報を発信、会員様の資産に関するご相談にもお応えしております。

浅井隆が長年研究・実践してきた国家破産対策のノウハウを、ぜひあなたの大切な資産防衛にお役立て下さい。
詳しいお問い合わせは「㈱日本インベストメント・リサーチ」まで。
TEL:〇三(三二九一)七二九一　FAX:〇三(三二九一)七二九二
Eメール:info@nihoninvest.co.jp

◆「オプション研究会」

「コロナ恐慌」の到来によって、世界はまったく新たな激動の局面に突入しました。この深刻な危機に対し、世界各国で「救済」という名のバラ撒きが加速しています。しかしながら、これは「超巨大恐慌」という私たちの想像を絶する怪物を呼び寄せる撒き餌にほかなりません。この異形の怪物は、日頃は鳴りを潜めていますが、ひとたび登場すれば私たちの生活を完膚なきまでに破壊し、資産を根こそぎ奪い去るだけに留まりません。最終的には国家すら食い殺し、破綻させるほどに凶暴です。そして、次にこの怪物が登場した時、その犠牲の筆頭となる国は、天文学的な政府債務を有する日本になるでしょう。

このように、国家破産がいよいよ差し迫った危機になってくると、ただ座していているだけでは資産を守り、また殖やすことは極めて難しくなります。これからは様々な投資法や資産防衛法を理解し、必要に応じて実践できるかが生き残りのカギとなります。つまり、投資という武器を上手く使いこなすことこそが、激動の時代の「必須のスキル」となるのです。

しかし、考え方を変えれば、これほど変化に富んだ、そして一発逆転すら可能な時代もないかもしれません。必要なスキルを身に付け、この状況を果敢に乗りこなせば、大きなチャンスを手にすることもできるわけです。積極的に打って出るのか、はたまた不安と恐怖に駆られながら無為に過ごすのかは、「あなた次第」なのです。

現代は、実に様々な投資を誰でも比較的容易に実践することができます。しかしながら、それぞれの投資方法には固有の勘どころがあり、また魅力も異なります。戦国の世には様々な武器がありましたが、それら武器にも勘どころや強みが異なっていたのとまさに同じというわけです。そして、これから到来する恐慌・国家破産時代において、もっともその威力と輝きを増す「武器」こそが「オプション取引」というわけです。本書でも触れている「オプション取引」の魅力を今一度確認しておきましょう。

・非常に短期（数日〜一週間程度）で数十倍〜数百倍の利益を上げることも可能
・「買い建て」取引のみに限定すれば、損失は投資額に限定できる
・恐慌、国家破産などで市場が大荒れするほどに収益機会が広がる
・最低投資額は一〇〇〇円（取引手数料は別途）
・株やFXと異なり、注目すべき銘柄は基本的に「日経平均株価」の動きのみ
・給与や年金とは分離して課税される（税率約二〇％）

もちろん、いかに強力な「武器」でも、上手く使いこなすことが重要です。

もしあなたが、これからの激動期に「オプション取引」で挑んでみたいとお考えであれば、第二海援隊グループがその習熟を「情報」と「助言」で強力に支援いたします。二〇一八年一〇月に発足した「オプション研究会」では、オプション取引はおろか株式投資などほかの投資経験もないという方にも、道具の

揃え方から基本知識の伝授、投資の心構え、市況変化に対する考え方や収益機会の捉え方など、初歩的な事柄から実践に至るまで懇切丁寧に指導いたします。これからの「恐慌経由、国家破産」というピンチをチャンスに変えようという意欲がある方のご入会を心よりお待ちしています。

㈱日本インベストメント・リサーチ「オプション研究会」担当 山内・稲垣・関
TEL：〇三（三二九一）七二九一　FAX：〇三（三二九一）七二九二
Eメール：info@nihoninvest.co.jp

まずは対策の手はじめに参加・体験・聴講してみませんか

◆「オプション取引」習熟への近道を知るための「セミナーDVD・CD」発売中

「オプション取引」の習熟を全面支援し、また取引に参考となる市況情報なども提供する「オプション研究会」。その概要を知ることができる「DVD・C

D」を用意しています。

■「オプション研究会 無料説明会 受講DVD／CD」■

浅井隆自らがオプション投資の魅力と活用のポイントについて解説し、また専任スタッフによる「オプション研究会」の具体的内容を説明した「オプション研究会 無料説明会」（二〇一八年一二月一五日開催）の模様を収録したDVD・CDです。「浅井隆からのメッセージを直接聞いてみたい」「オプション研究会への理解を深めたい」という方は、ぜひご入手下さい。

「オプション研究会 無料説明会 受講DVD／CD」（約一六〇分）

価格　DVD　三〇〇〇円（送料込）
　　　CD　二〇〇〇円（送料込）

※お申込み確認後約一〇日で代金引換にてお届けいたします。

DVD・CDに関するお問い合わせは、「㈱日本インベストメント・リサーチ オプション研究会担当」まで。

TEL：〇三（三二九一）七二九一　FAX：〇三（三二九一）七二九二

Eメール：info@nihoninvest.co.jp

◆「ダイヤモンド投資情報センター」

現物資産を持つことで資産保全を考える場合、小さくて軽いダイヤモンドは持ち運びも簡単で、大変有効な手段と言えます。近代画壇の巨匠・藤田嗣治は第二次世界大戦後、混乱する世界を渡り歩く際、資産として持っていたダイヤモンドを絵の具のチューブに隠して持ち出し、渡航後の糧にしました。金《きん》（ゴールド）だけの資産防衛では不安という方は、ダイヤモンドを検討するのも一手でしょう。

しかし、ダイヤモンドの場合、金《きん》とは違って公的な市場が存在せず、専門の鑑定士がダイヤモンドの品質をそれぞれ一点ずつ評価して値段が決まるため、売り買いは金《きん》に比べるとかなり難しいという事情があります。そのため、信頼できる専門家や取扱店と巡り合えるかが、ダイヤモンドでの資産保全の成否の分かれ目です。

そこで、信頼できるルートを確保し業者間価格の数割引という価格での購入が可能で、GIA（米国宝石学会）の鑑定書付きという海外に持ち運んでも適正価格での売却が可能な条件を備えたダイヤモンドの売買ができる情報を提供いたします。

ご関心がある方は「ダイヤモンド投資情報センター」にお問い合わせ下さい。

TEL：〇三（三二九一）六一〇六　担当：大津

◆『浅井隆と行くニュージーランド視察ツアー』

南半球の小国でありながら独自の国家戦略を掲げる国、ニュージーランド。浅井隆が二〇年前から注目してきたこの国が今、「世界でもっとも安全な国」として世界中から脚光を浴びています。核や自然災害の脅威、資本主義の崩壊に備え、世界中の大富豪がニュージーランドに広大な土地を購入し、サバイバル施設を建設しています。さらに、財産の保全先（相続税、贈与税、キャピタルゲイン課税がありません）、移住先としてもこれ以上の国はないかもしれません。

そのニュージーランドを浅井隆と共に訪問する、「浅井隆と行くニュージーランド視察ツアー」を毎年一一月に開催しております。なお、二〇二〇年一一月のニュージーランドツアーは新型コロナウイルスの影響により中止となりました。二〇二一年は秋に開催予定です。現地では、浅井の経済最新情報レクチャーもございます。内容の充実した素晴らしいツアーです。ぜひ、ご参加下さい。

TEL：〇三（三二九一）六一〇六　担当：大津

◆浅井隆のナマの声が聞ける講演会

著者・浅井隆の講演会を開催いたします。二〇二〇年下半期は名古屋・一〇月一六日（金）、大阪・一〇月二二日（木）、福岡・一〇月二四日（土）、二〇二一年は東京・一月一六日（土）を予定しております。経済の最新情報をお伝えすると共に、生き残りの具体的な対策を詳しく、わかりやすく解説いたします。

活字では伝えることのできない肉声による貴重な情報にご期待下さい。

また、「新型コロナウイルス発生！　どうする日本!?　どうなる二〇二〇

年！」というテーマにて、
『浅井隆の緊急メッセージＤＶＤ／ＣＤ』（価格：ＤＶＤ、ＣＤ共八〇〇〇円
〈送料込・会員割引あり〉）、
『中森貴和氏（帝国データバンク）×浅井隆緊急対談ＣＤ』（価格：二万円
〈送料込・会員割引あり〉）
を販売中です。お早めにお求め下さい。
詳しいお問い合わせ先は、㈱第二海援隊まで。
■第二海援隊連絡先
ＴＥＬ：〇三（三二九一）六一〇六　　ＦＡＸ：〇三（三二九一）六九〇〇
Ｅメール：info@dainikaientai.co.jp

◆第二海援隊ホームページ

第二海援隊では様々な情報をインターネット上でも提供しております。詳しくは「第二海援隊ホームページ」をご覧下さい。私ども第二海援隊グループは、

皆さんの大切な財産を経済変動や国家破産から守り殖やすためのあらゆる情報提供とお手伝いを全力で行ないます。

また、浅井隆によるコラム「天国と地獄」を一〇日に一回、更新中です。経済を中心に長期的な視野に立って浅井隆の海外をはじめ現地生取材の様子をレポートするなど、独自の視点からオリジナリティ溢れる内容をお届けします。

ホームページアドレス： http://www.dainikaientai.co.jp/

第二海援隊
ＨＰはこちら

〈参考文献〉

【新聞・通信社】

『日本経済新聞』『朝日新聞』『産経新聞』『時事通信』『日経ヴェリタス』
『ブルームバーグ』『ロイター』

【書籍】

『いまこそ税と社会保障の話をしよう』（井手英策著　東洋経済新報社）
『金融の世界史』（板谷敏彦著　新潮社）
『ハイパーインフレの悪夢』（アダム・ファーガソン著　新潮社）

【拙著】

『国家破産で起きる36の出来事』（第二海援隊）
『2014年日本国破産【警告編】』（第二海援隊）
『マイナス金利でも年12%稼ぐ黄金のノウハウ』（第二海援隊）
『世界同時破産！』（第二海援隊）
『デイトレ・ポンちゃん』（第二海援隊）

【論文・レポート】

『グローバル・インベスター1
　インフレーション　リスクと投資の意味』（クレディ・スイス）
『インドネシア：中銀は「財政ファイナンス」を厭わず
　政策運営はギャンブルの様相』（西濵徹・第一生命経済研究所）

【雑誌・その他】

『女性自身』『経済トレンドレポート』

【ホームページ】

フリー百科事典『ウィキペディア』
『財務省』『厚生労働省』『総務省統計局』『国税庁』『日本銀行』『IMF』
『ウォール・ストリートジャーナル　日本語電子版』『CNBC』
『ナショナルジオグラフィック』『生命保険文化センター』
『マネックス証券』『SBI証券』『Yahoo! ファイナンス』『Investing.com』
『macrotrends』『The Liberty Web』『nippon.com』

〈著者略歴〉
浅井　隆　（あさい　たかし）
経済ジャーナリスト。1954年東京都生まれ。学生時代から経済・社会問題に強い関心を持ち、早稲田大学政治経済学部在学中に環境問題研究会などを主宰。一方で学習塾の経営を手掛け学生ビジネスとして成功を収めるが、思うところあり、一転、海外放浪の旅に出る。帰国後、同校を中退し毎日新聞社に入社。写真記者として世界を股に掛ける過酷な勤務をこなす傍ら、経済の猛勉強に励みつつ独自の取材、執筆活動を展開する。現代日本の問題点、矛盾点に鋭いメスを入れる斬新な切り口は多数の月刊誌などで高い評価を受け、特に1990年東京株式市場暴落のナゾに迫る取材では一大センセーションを巻き起こす。
その後、バブル崩壊後の超円高や平成不況の長期化、金融機関の破綻など数々の経済予測を的中させてベストセラーを多発し、1994年に独立。1996年、従来にないまったく新しい形態の21世紀型情報商社「第二海援隊」を設立し、以後約20年、その経営に携わる一方、精力的に執筆・講演活動を続ける。2005年7月、日本を改革・再生するための日本初の会社である「再生日本21」を立ち上げた。主な著書:『大不況サバイバル読本』『日本発、世界大恐慌！』（徳間書店）『95年の衝撃』（総合法令出版）『勝ち組の経済学』（小学館文庫）『次にくる波』（PHP研究所）『Human Destiny』（『9・11と金融危機はなぜ起きたか!?〈上〉〈下〉』英訳）『あと2年で国債暴落、1ドル＝250円に!!』『いよいよ政府があなたの財産を奪いにやってくる!?』『日銀が破綻する日』『預金封鎖、財産税、そして10倍のインフレ!!〈上〉〈下〉』『トランプバブルの正しい儲け方、うまい逃げ方』『世界沈没――地球最後の日』『世界中の大富豪はなぜＮＺに殺到するのか!?〈上〉〈下〉』『円が紙キレになる前に金を買え！』『元号が変わると恐慌と戦争がやってくる!?』『有事資産防衛　金か？　ダイヤか？』『第2のバフェットか、ソロスになろう!!』『浅井隆の大予言〈上〉〈下〉』『2020年世界大恐慌』『北朝鮮投資大もうけマニュアル』『この国は95％の確率で破綻する!!』『徴兵・核武装論〈上〉〈下〉』『100万円を6ヵ月で2億円にする方法！』『最後のバブルそして金融崩壊』『恐慌と国家破産を大チャンスに変える！』『国家破産ベネズエラ突撃取材』『都銀、ゆうちょ、農林中金まで危ない!?』『10万円を10年で10億円にする方法』『私の金が売れない！』『株大暴落、恐慌目前！』『2020年の衝撃』『デイトレ・ポンちゃん』『新型肺炎発世界大不況』『恐慌からあなたの預金を守れ!!』『世界同時破産！』『コロナ大不況生き残りマニュアル』『コロナ恐慌で財産を10倍にする秘策』（第二海援隊）など多数。

巨大インフレと国家破産

2020年10月2日　初刷発行

著　者　浅井　隆
発行者　浅井　隆
発行所　株式会社　第二海援隊
〒101-0062
東京都千代田区神田駿河台2-5-1　住友不動産御茶ノ水ファーストビル8F
電話番号　03-3291-1821　　ＦＡＸ番号　03-3291-1820

印刷・製本／株式会社シナノ

ISBN978-4-86335-210-0
Printed in Japan

第二海援隊発足にあたって

日本は今、重大な転換期にさしかかっています。にもかかわらず、私たちはこの極東の島国の上で独りよがりのパラダイムにどっぷり浸かって、まだ太平の世を謳歌しています。

しかし、世界はもう動き始めています。その意味で、現在の日本はあまりにも「幕末」に似ているのです。ただ、今の日本人には幕末の日本人と比べて、決定的に欠けているものがあります。それこそ、志と理念です。現在の日本は世界一の債権大国（＝金持ち国家）に登り詰めはしましたが、人間の志と資質という点では、貧弱な国家になりはててしまいました。それこそが、最大の危機といえるかもしれません。

そこで私は「二十一世紀の海援隊」の必要性を是非提唱したいのです。今日本に必要なのは、技術でも資本でもありません。志をもって大変革を遂げることのできる人物と、それを支える情報です。まさに、情報こそ〝力〟なのです。そこで私は本物の情報を発信するための「総合情報商社」および「出版社」こそ、今の日本にもっとも必要と気付き、自らそれを興そうと決心したのです。

しかし、私一人の力では微力です。是非皆様の力をお貸しいただき、二十一世紀の日本のために少しでも前進できますようご支援、ご協力をお願い申し上げる次第です。

浅井　隆